우아하게 걱정하는 연습

옮긴이 l 남기철

건국대학교 독문과 및 동대학원을 졸업하고, 독일 마르부르크 대학교에서 수학했다. 지금
은 외국의 좋은 책들을 소개하며 우리말로 옮기는 일을 하고 있다. 옮긴 책으로는《글쓰
는 여자의 공간》,《완벽의 배신》,《아이를 낳아도 행복한 프랑스 육아》,《테레제, 어느 여인
의 일대기》등이 있다.

Original title: **Auf ins fette, pralle Leben** by Ina Rudolph © 2015 by Kösel Verlag, a division of
Verlagsgruppe Random House GmbH, München, Germany

생각이 많아 섬세한 사람들을 위한 일상 안내서

우아하게 걱정하는 연습

이나 루돌프 지음
남기철 옮김

Auf ins fette pralle Leben

흐름출판

너의 생각에 주의해라, 생각이 말이 되기 때문이다.

너의 말에 주의해라, 말이 행동이 되기 때문이다.

너의 행동에 주의해라, 행동이 습관이 되기 때문이다.

너의 습관에 주의해라, 습관이 성격이 되기 때문이다.

너의 성격에 주의해라, 성격이 운명이 되기 때문이다.

－《탈무드》

걱정을 걱정하는 당신에게

당신은 생각이 너무 많아 잠에 못 든 적이 있는가? 가스레인지에 불을 끄고 나왔는지, 문을 제대로 걸고 나왔는지 걱정이 돼서 다음 일을 하지 못했던 적이 있는가? 다른 사람들이 나를 어떻게 생각할지 몰라서 전전긍긍하다 일을 망쳐버린 적이 있는가? 생각에 생각이 꼬리를 물어 정작 중요한 일을 기억하지 못한 적이 있는가? 다른 사람이 상처 입을까 봐 제대로 자신의 생각을 얘기하지 못한 적이 있는가? 다른 사람을 배려하다 오히려 내가 상처를 입은 적이 있는가?

이 책을 집은 당신은 어쩌면 이처럼 생각이 많아 섬세한 성격의 소유자일 가능성이 크다. 대체로 우리 같은 사람들은 한 번 머릿속에 떠오른 것은 결론이 날 때까지 끊임없이 꼬리를 물며 생각한다. 끊어지지 않는 생각 때문에 편두통이 일어나기도 하고 잠을 자다 깨기도 일쑤다. 이뿐인가? 다른 사람들을 너무 섬세하게 배려한 나머지 나의 생각을 제대로 어필하지 못할 때도 있고, 지나치게 예민하거나 피곤한 사람으로 오해를 살 때도 있다.

나 또한 그렇다. 나는 영화배우이며 소설을 쓰는 작가이기도 하며 사람들의 심리 상담을 해주는 코칭 전문가이기도 하다. 다른 사람들이 보면 누구나 만족할 만한 인생이다. 그러나 사실 나는 수년 동안 그렇지 못했다.

지나치게 생각이 많은 나머지 매 순간 생각으로부터 벗어나기 힘들었다. 불만족 상태와 불안한 마음가짐으로 일상을 보냈다. 사람들이 부탁을 해올 때도 상대방이 상처를 받을까 봐 쉽사리 거절할 수 없었으며, 끊임없는 생각은 커다란 걱정으로 불어나 매일 밤 나를 괴롭혔다. 그대로 받아들여도 되는 상황을 지나치게 생각한 나머지 어떤 의도나 비판으로 해석했다. 작은 일에도 전전긍긍했으며 다른 사람의 반응을 신경 썼다. 삶을 즐기기는커녕 공부를 하듯 계획을 세웠다.

그러나 삶이 마음대로 될 리 있는가? 계획을 세운다고 척척 진행될 리 있는가? 그렇다면 이 세상 모든 사람들이 삶에 만족하고 행복할 것이다. 이런 책이나 심리학도 더 이상 발전하지 않았을 것이다. 나는 수년 동안 불만족 상태를 극복하려고 애쓰다 **뒤바꾸기의 힘**을 발견했다.

모든 문제는 자신의 내부에 있다. 삶을 바꾸는 힘은 내 안에 있다. Reverse, 즉 '뒤바꾸기'는 스스로 삶을 바꾸는 방법으로, 스트레스를 주는 상황에 4가지 질문을 던지고 답하면서 문제점이 어디에 있는지 찾아가는 과정이다. 나 또한 이 과정을 거치면서 놀라운 결과를 얻었다. 나 자신에게 좀 더 가까이 다가갈 수 있었으며 그와 동시에 인생에서 정말 중요한 게 무엇인지 알게 되었다.

나는 이 4가지 질문을 습득해 일상생활 곳곳에서 자주 이용했다. 그러자 마음이 평안해지고 활력이 생겼다. 더 이상 머릿속을 떠도는 생각에 휩쓸리지 않았으며 잠자리에서도 뒤척이지 않았다. 동시에 홀가분함과 풍요로움을 체험했다. 나의 인생은 '뒤바꾸기'를 만나기 전과 후로 나뉠 만큼 삶을 대하는 태도와 생각이 크게 달라졌다.

이 책은 다음 4가지 질문을 근간으로 하여 머릿속을 괴롭히는 생각에서 벗어나고 일상을 좀 더 풍요롭게 사는 방법에 대해 알려준다.

1. 문제라고 생각하는 그것이 진짜일까?
2. 다시 한 번 생각해보자. 정말 진짜일까?
3. 그런 생각을 할 때 내 마음 상태는?
4. 그런 생각을 하지 않을 때 내 마음 상태는?

위 4가지 질문에 스스로 정직하게 답하는 과정을 통해서 우리는 마음의 문을 열고 자신에게 다가갈 수 있다. 스트레스를 해소하고 마음의 평화를 얻을 수 있다.

뒤바꾸기의 효과는 경이로운 것으로 나의 경험을 예로 들자면 이렇다. 나는 오랫동안 친구들과 모임을 하고 있다. 나를 포함한 다섯 명의 여성 모임으로 우리는 친목을 다지며 마지막 달 금요일에 와인을 마시며 함께 저녁을 보낸다. 그동안의 안부를 묻고 삶에서 느끼는 소소한 생각들을 공유한다. 그런데 모임 중에 한 명인 클레멘스가 저번 달 모임부터 내 눈을 마주치지 않았다. 내가 얘기를 해도 수긍하지 않고 자꾸 딴 데를 쳐다보았다. 클레멘스가 나를 싫어하는 게 아닐까 하는 불길한 생각이 들었다. 그녀에게 잘못한 일이 있었나 기억을 더듬어보았다. 그녀가 나를 싫어해 내 이야기를 친구들에게 하는 것도 상상해보았다. 생각이 여기까지에 이르자 뒤바꾸기를 시도했다. '클레멘스는 나를 싫어한다.'

그게 진짜일까?

의자에 앉아 조용히 자문했다. 돌아온 대답은 '그렇다'였다. 그러면 다음 질문을 이어나가 보자.

다시 한 번 생각해보자. 정말 진짜일까?

곰곰이 생각해보았다. 그녀가 나와 눈을 마주치지 않는 것만으로 나를 싫어한다고 판단할 수 있을까? 내가 이야기를 할 때 딴 데를 쳐다보는 것은 다른 걱정거리가 있어서일 수도 있다. 예를 들어 키우는 강아지의 밥을 제대로 주고 왔는지, 냉장고에 남편 저녁거리가 있는지 등에 대한 생각을 하고 있을 수도 있다.

그런 생각을 할 때 내 마음 상태는?

클레멘스가 나를 싫어한다고 생각하면 몹시 괴롭다.

그런 생각을 하지 않을 때 내 마음 상태는?

클레멘스가 나를 싫어한다고 생각하지 않으면 나는 클레멘스에게 다정하게 말을 걸 수 있을 것이다. 요즘 무슨 일이 있는지 또는 다른 날보다 컨디션이 좋지 않았냐고 물을 수도 있다. 그러면 클레멘스와 나의 사이는 훨씬 좋아질 것이고 그녀가 나를 싫어할 거라는 생각에 전전긍긍하지 않아도 될 것이다. 나를 괴롭히는 생각을 뒤바꾸기하면 다음과 같다. '클레멘스는 나를 싫어하지 않는다.'

클레멘스에게 전화를 걸었다. 저번 모임 때 이야기에 집중하지 못해서 걱정되었다고 말했다. 클레멘스는 그날 딸아이가 집으로 왔다는 문자를 받지 못해 계속 신경 쓰고 있었다고 말했다. 그래서 이야기에 집중하지 못했으며 다행히 딸아이는 핸드폰 베터리가 없어서 연락을 못 한 것이었다고 했다. 클레멘스가 나를 싫어한다는 것은 나만의 착각이었던 것이다. 나는 비로소 마음이 편안해지고 목소리에 생기를 되찾았다. 클레멘스는 특별히 걱정해주어 고맙다고까지 얘기했다. 이로써 클레멘스와 나의 관계는 더욱 깊어졌다. *나를 괴롭히는 생각을 뒤바꾸기하면 훨씬 삶에 이롭게 만들 수 있다.*

나는 *이 책에서 우리를 괴롭히는 생각들을 뒤바꾸기해서 좀 더 만족스러운 삶을 사는 방법을 모색할 것이다.* 뒤바꾸기는 마치 삶의 소프트웨어와 같은 것이다.

이 소프트웨어를 습득하는가에 따라 삶을 보고 느끼는 방식이 달라진다. 한번 깔면 계속 실행되는 컴퓨터 프로그램처럼 우리도 마찬가지다. 뒤바꾸기라는 소프트웨어를 인생에 깔면 더 이상 생각이 많아 힘들어지는 일은 없을 것이다. 밤마다 괴롭히는 생각들에게 끌려 다니지 않으며 시시각각 스트레스를 주는 생각으로부터 벗어날 수 있다.

우리가 이제부터 해야 할 건 '뒤바꾸기'라는 소프트웨어를 깔고 우아하게 걱정하는 연습이다! 이 책을 통해 마음과 삶이 가벼워지고 비로소 경쾌해진 당신의 모습을 발견하기 바란다.

차례

Reverse 3 솔직하게 거절하는 두려움에서 벗어나기

Reverse 4 비판을 선물로 받아들이기

Reverse 5 자신의 일에 몰두하기

Reverse 6 이성적으로 생각을 대하기

Reverse 7 더 나아지려고 노력하지 말자

Reverse

1

조화롭고
지루하지 않은 삶을 위해
평소와 반대로 하기

일상 뒤바꾸기

템펠호프 공원은 예전에 공항이었던 곳으로, 지금은 베를린 시민들의 휴식 장소가 되었다. 가끔 자전거를 타고 혼자 이 공원을 찾곤 한다. 혼자 가면 마음껏 자전거 페달을 밟을 수 있다. 보통 정문으로 들어간다. 그리고 곧장 오른쪽으로 방향을 바꿔 예전에 활주로로 이용하던 지점까지 달린다. 그럴 때면 땀이 줄줄 나고 숨이 차지만 멈추지 않는다. 그저께는 딸과 함께 자전거를 타고 이 공원을 찾았다. 정문을 지나가는데 딸아이가 이렇게 말했다.

"엄마, 오늘은 오른쪽 말고 다른 길로 가보는 게 어때?"

순간 아무 대답도 할 수 없었다. 딸의 제안을 따르고 싶지 않았다. 늘 다니던 길로 그냥 가는 게 얼마나 편한가! 더군다나 오른쪽 길은 내가 이 공원에서 가장 좋아하는 길이었다.

"엄마, 다른 길로 가보자. 제발!"

딸아이의 간절한 눈빛을 보고 한숨을 푹 쉬면서 대답했다.

"좋아, 그렇게 해보자."

그렇게 왼쪽 길로 접어들어 가는데 마음이 편치 않았다. 주변

모든 게 낯설었다. 정말 이곳에 와본 적이 있었나? 왼쪽으로는 나무들이, 오른쪽으로는 잔디밭과 아스팔트, 안내 표지판이 보였다. 전부 다 새롭게 느껴졌다. 우리는 자전거를 멈추고 풀밭에 섰다. 햇볕이 내리쬐다가 구름이 태양을 가리길 반복했다. 나는 딸을 곁눈질하며 이렇게 말했다.

"정말 이상하지. 한 번도 다른 길로 갈 생각을 해본 적이 없어……."

그러자 딸이 말했다.

"맞아. 그래서 엄마한테 내가 있는 거잖아."

자세를 바로 하고 딸에게 물었다.

"다른 길로 오니까 재미있니?"

"그럼, 두 가지 길이 있어서 선택할 수 있잖아!"

평소의 습관을 깨고 다른 선택을 한 것이 일상의 신선함을 갖고 왔다. 다른 일도 대안을 찾아서 평소와 다른 방법으로 해보고 싶다는 생각이 들었다. 딸아이에게 좋은 생각이 떠오른 것 같았다.

"식사 공간을 바꿔보자. 부엌 식탁에서만 식사를 하지 말고 다른 데 가서 식사를 해보는 거야."

딸의 제안에 호응했다. 마치 새로운 모험을 시작하는 것처럼 마음이 들떴다.

○

저녁 식사는 식탁 아래에서 먹기로 했다. 소풍을 온 것만 같았다. 식탁 밑에 피크닉 갈 때 쓰는 매트를 깔았다. 쟁반에 먹을거리를 가득 담아 매트로 가져왔다. 그러곤 딸과 함께 앉아 토스트에 버터를 발라 먹었다. 마치 텐트 속에서 음식을 먹는 기분이었다. 음식 냄새도 평소와 약간 다르고 귀에 들리는 소리도 식탁 위에서 음식을 먹을 때와는 전혀 다르게 느껴졌다. 휴가를 맞아 여행 온 기분과 약간 비슷했다.

삶을 재미있게 만드는 방법

다음 날 오후 운동을 하기 위해 옷을 갈아입었다. 그러고는 CD가 가득 채워진 수납장 앞에 섰다. 나는 운동을 할 때 늘 음악을 듣는다. 그날도 무슨 음악을 들을지 망설였다. 이미 여러 번 들어본 CD가 대부분이었다. 들을 만한 음악이 없다는 생각이 들었다.

막연하게 뭔가 새로운 음악을 듣고 싶었지만, 어떻게 해야 할지 방법이 떠오르지 않았다. 아이튠즈에서 CD 광고를 전부 뒤져보고 싶지는 않았다. 흠, 뭘 해야 할까? 얼른 운동을 시작하고 싶었다. CD 수납장을 살펴보았다. CD가 최소 300장은 되는 것 같았다. 그런데도 들을 만한 음악이 없다니, 정말 그럴까? 그럴 리 없다.

지금까지의 습관은 어땠지? 나는 운동을 할 때 늘 세심하게, 감정에 따라 어떤 음악을 들을지 결정했다. 습관을 뒤바꾸고 싶었다. 들을 음악이 없다는 무료한 생각에서 벗어나고 싶었다.

매우 간단한 방법이 생각났다. 다른 사람에게 CD를 골라달라고 하면 되는 것이다. 그렇게 하면 선택의 여지도 없고, 따라서 고민할 필요도 없다. 주변을 둘러보았다. 그런데 CD를 골라줄 만한 사람이 없었다. 그래! 직접 하는 거야! 눈을 감고 각진 CD 케이스들을 손가락으로 더듬었다. 손으로 이리저리 만지자 CD들이 덜컥거리는 느낌이 전해졌다. 그러다 수납장 상단의 어느 지점에 손이 닿았다. 수납장에서 손에 닿은 CD를 꺼냈다. 어떤 CD일지 마음이 설렜다. 아! 톰 웨이츠다. 오랫동안 듣지 않았던 CD였다. 주저 없이 플레이어에 톰 웨이츠 CD를 넣고 운동을 시작했다. 톰 웨이츠가 휘파람으로 부르는 노래 소리가 들려오자 문득 옛날 일이 떠올랐다. 톰 웨이츠를 즐겨 듣던 시절로, 베를린의 프렌츠라우어베르크에 살 때였다.

그때는 내게 처음으로 집이 생겨 집을 꾸미는 것에 무척 관심이 많았다. 나는 부엌 바닥에 무릎을 꿇고 앉아 전기선으로 인해 생긴 빈틈을 시멘트로 메웠다. 톰 웨이츠의 음악을 틀고 욕실 타일도 직접 붙였다. 거실에서 책장을 설치할 때도 톰 웨이츠의 휘파람 소리를 들었다. 이 음악을 다시 듣게 되다니, 가슴이 뭉클했다.

평소대로 CD를 골랐다면 이 음악을 듣지 못했을 것이다. 평소 음악을 고르던 습관을 깨서 일상을 바꾸었다. 이런 식으로 CD를 고른다면 1년 정도는 아무 고민 없이 음악을 즐길 수 있을 것이다.

삶을 재미있게 만드는 방법은 이처럼 간단하다. 습관을 깨고 조절 나사를 조금만 돌리면 된다.

뒤바꾸기의 네 가지 질문

이번 달 들어 습관처럼 와인을 마시던 버릇을 그만두었다. 물론 쉽지 않은 결정이었다. 나는 와인을 규칙적으로 마시는 편이었다. 인간관계를 위해 필요하다는 명분으로 도수가 낮은 와인을 집에 항상 준비해두었다. 설사 집에 와인이 떨어지더라도 와인을 마시는 건 어려운 일이 아니다. 집 근처에 레스토랑이 있고 밤 10시까지 문을 여는 슈퍼마켓도 있다. 와인을 마시는 건 나만의 밤 시간이 시작됨을 의미한다. 기회가 주어진다면 와인 잔을 치켜들고 이렇게 외치고 싶다.

"자, 여러분, 이제 긴장을 풀 시간입니다."

와인을 마시지 않고도 밤에 긴장을 푸는 게 가능한지 확인하고 싶었다. 그리고 내가 혹시 와인 중독은 아닌지 알아보고 싶었다. 언젠가 신문에서 가끔 많은 양의 와인을 마시는 건 중독이 아니지만, 매일매일 마시는 건 알코올중독 증상 중 하나라는 내용의 기사를 읽은 적이 있다. 나에게 스트레스를 주는 신념은 이러했다. '와인을 끊는 건 어렵다.'

메모지에 그렇게 적고 나서 소파에 몸을 기대고 앉아 첫 번째 질문을 던졌다.

그게 진짜일까?

마음을 편하게 한 상태에서 응답을 기다렸다. 마음속에 그림들이 스쳐 지나갔다. 와인을 마시지 못해 날마다 괴로워하며 한 달을 보내는 모습과 생일 파티에 참석해 다른 사람들이 시원한 스파클링 와인을 마시는 동안 시무룩한 표정으로 앉아 있는 모습 같은 것이었다. 질문에 대한 응답은 '그렇다'였다. 첫 번째 질문에 '그렇다'라는 응답이 오자, 두 번째 질문을 던졌다.

다시 한 번 생각해보자. 정말 진짜일까?

질문의 답을 찾기 위해 시간을 가졌다. 머릿속에 떠오르는 경험들에게 마음을 내맡기며 조용히 응답을 기다렸다. '아니다.' 매일 와인을 한 잔씩 마시는 것을 중단하는 게 어렵다고 단정지을 수 없다. 술을 마시지 않고도 아침에 상쾌한 기분으로 깨어나며, 편하게 잠을 자고, 지난밤 일어난 일들을 또렷하게 기억하는 사람들을 여럿 보았다. 그렇다면 한 달 정도 알코올 섭취를 중단하고 그 후에는 특별한 날에만 와인을 즐기는 습관을 들이는 게 그다지 어렵지 않을 것이다.

그런 생각을 할 때 내 마음 상태는?

와인을 끊는 과정이 고통스러우리라고 생각했다.

그런 생각을 하지 않을 때 내 마음 상태는?

'와인을 끊는 게 어렵다'고 생각하지 않으면 어떻게 될까? 어떻게 될지 지금으로선 알 수 없다. 그런 생각을 하지 않으니 마음이 살짝 편해졌다. 다시 활기를 찾았고 어떻게 될지 궁금해졌다.

나에게는 현재가 중요하다. 다른 순간은 존재하지 않는다. 세상은 예나 지금이나 변함없지만, 스트레스를 주는 생각만 없으면 삶

은 재미있고 충만해진다.

드디어 생각을 뒤바꾸었다. 스트레스를 주는 신념, 즉 '와인을 끊는 것은 어렵다'를 뒤바꾸면 다음과 같다. '와인을 끊기는 쉽다.'

이게 가능할까? 물론 가능할 것이다. 가능할 수 있는 세 가지 이유를 생각해보았다.

1. 지금까지 와인을 마시지 않았던 날들도 힘들지 않았다.
2. 일주일 내내 알코올을 조금도 마시지 않고 강의를 해도 문제가 없었다.
3. 이번에는 와인 끊기가 더 쉬울지도 모른다. 내가 원해서 자발적으로 하기 때문이다.

불가능하다고 생각했던 일들도 시도할 마음만 갖는다면 생각보다 쉽게 해낼 수 있다는 사실을 알게 되면 누구나 자신감을 가질 수 있다. 이렇게 뒤바꾸기를 통해 지각을 넓히고 관점을 바꾸면 우리의 삶은 보다 편안해진다. 나의 의도대로 무엇이든 할 수 있기 때문이다.

습관 깨기의 효과

어느 날 책상에 앉아 있는데, 허리에 통증이 느껴졌다. 의자에서 일어나 기지개를 펴고 여러 번 스트레칭을 하고 나서 다시 일을 하려고 했다. 그렇게 다시 의자에 앉는 순간, 조금 전 허리 통증을 유발했던 자세와 똑같은 자세로 앉았음을 깨달았다. 자세 때문에 허리가 아팠던 것일까? 그럴 수도 있다. 자리에서 일어나 주위를 한번 둘러본 뒤 서랍장 위에 노트북을 올려놓고 서서 작업을 해봤다. 그렇게 하니 5분 정도는 괜찮았지만 이번엔 다른 부위가 아팠다. 서랍장은 글을 쓰는 책상으로 이용하기에는 적당하지 않다. 다시 주변을 둘러보며 이런저런 생각을 했다. 허리에 무리를 주지 않을 만한 장소가 어디일까? 소파에 눈길이 갔다. 누워서 글을 쓰는 게 가능할까? 글을 쓰다가 졸지는 않을까? 쿠션을 높이 쌓고 시도해보았다. 음, 별로 마음에 들지 않는다. 쿠션을 다시 더 쌓은 뒤 시도해보았다. 이번엔 등에 대는 쿠션을 없애고 시도해보았다. 좋았어!

그렇게 반쯤 누운 자세로 무릎 위에 노트북을 올리고 한 시간 정도 작업하니 허리에 통증이 가셨다. 그런데 잠시 후 눈이 슬슬 감겼다. 눈꺼풀이 무겁게 느껴졌다. 너무 무거워서 잠을 떨치려 아무리 노력해도 효과가 없었다. 옆에 알람 시계를 가져다 두고 10분 동안 잠을 잤다. 꿈도 꾸지 않고 깊은 잠에 빠졌다.

알람 시계가 울리는 소리에 잠에서 깼다. 우선 자리에서 일어나서 몸을 깨웠다. 부엌으로 발걸음을 옮겨 허리를 살짝 움직여 보았다. 통증이 많이 가라앉았다. 다시 자리를 바꿔 이번에는 딸아이 방 한구석에 자리를 잡았다. 전에 한 번도 노트북을 들고 앉아본 적이 없는 자리였지만, 새로운 활기가 느껴졌다. 딸아이 방에 손님으로 와 있는 것 같았다.

좀 더 적극적으로 바꾸어보고 싶은 욕심이 들었다. 거실 벽에 기댔다가 서재 바닥에도 앉았다. 지붕 밑 다락방으로 올라가는 계단에도 앉아보았다. 그러다 15분 정도 거실 카펫에 배를 깔고 누웠다.

어느새 시간이 흘러 오후가 되었다. 노트북을 끄는데, 허리에 통증이 전혀 느껴지지 않았다. 게다가 글 쓰는 장소를 여러 번 바꾸면서 새로움을 느낄 수 있었다. 새로운 공간의 낯선 느낌들이 활력을 불어넣었다. 당연히 글도 더 잘 써졌다. 좀 더 자주 새로운 공간을 찾아봐야겠다는 생각이 들었다.

지금까지 왜 그런 생각을 못했을까? 이유는 아주 단순하다. 의심하지 않고 매일 하던 대로 똑같은 공간에서 똑같은 자세로 습관처럼 글을 썼기 때문이다. *습관을 깨는 것은 일상의 신선함을 불러온다.* 그 위력은 대단하다. 작은 습관을 깨는 것 하나가 큰 변화를 불러올 수 있다.

스트레스 주는 상황 뒤바꾸기

스트레스를 주는 상황에는 나 자신도 관련되어 있다. 그러나 이역시 괜찮다. 이런 사실을 알게 됨으로써 다르게 행동할 수 있기 때문이다. 내가 저지른 일 중 마음속으로 깊이 뉘우치고 있는 일, 그래서 수많은 날을 자지도 못하고 죄책감에 시달렸던일이 있다면 제대로 돌려놓을 기회가 있는 것이다.

누군가의 마음을 아프게 하지는 않았나? 누군가에게 부당한행동을 한 적은 없나? 나 자신에게 잘못한 일이 있지 않은가? 이런 것을 바로잡을 수 있다면, 혼란스러운 마음이 평온해지고 삶은좀 더 질서가 잡힐 것이다. 그로 인해 내가 바라보는 세상에도 평화가 깃들 것이다.

○

케이티의 일화를 살펴보자. 그녀는 자동차를 운전하다 고양이를 친 적이 있다. 당시 케이티는 너무 당황한 나머지 차를 돌려 고양이가 살았는지 죽었는지 확인하지도 못했다. 이후 케이티는 부상을 입거나 어려움에 처한 동물들을 보면 그때 일이 기억나 그냥 지나치지 못하고 꼭 도와주게 되었다.

그럼 내 경우는 어떨까? 혹시 충격을 견디기 위해 필요한 모서리 방지공이 있을까? 누군가와 의견 차이를 빚어 싸운 일이 있을까? 누군가의 마음에 상처 준 일이 있지는 않을까?

이런 생각을 하면 가장 먼저 떠오르는 사람이 아버지다. 지난해 아버지 생일을 잊었다. 아주 잊은 것은 아니다. 달력에 아버지 생일을 잘못 표시했다. 어쩌다가 그런 실수를 했는지 모르겠다. 아버지가 70번의 생일을 맞는 동안 날짜가 바뀐 적이 단 한번이라도 있었나! 몹시 당황했다. 이럴 수가! 바로 아버지에게 전화를 걸어 사과했다. 내가 생각해도 얼마나 어이없는지 모르겠다고 솔직히 털어놓았다. 아버지는 괜찮다고 하시며 되레 나를 위로해주셨다.

다음번 생일 때는 각별히 신경 써서 아버지의 생일 선물을 준비해야겠다는 생각이 들었다. 특별한 선물을 마련해서 실수를 만회하고 싶었다. 어쨌든 그것으로 죄책감은 어느 정도 해소되었다. 마음의 짐을 덜면서 아버지와의 관계가 조금 더 좋아졌다는 느낌도 들었다.

나 자신에게 좋은 친구가 되기

나 자신에 대해서는 어떠한가? 영화배우로 일할 때, 나는 연기에 재능이 있다는 확신을 갖지 못했다. 그래서 캐스팅 오디션이

나 감독과 인터뷰를 할 때면 스스로 자신을 믿지 못해 솔직하지 못하고 꾸며낸 모습을 보였다. 그럼에도 훌륭한 연기를 하고 싶어 매일 밤 고민했다. 스트레스를 준 신념은 이런 것이었다. '나는 기지와 위트가 번뜩이는 스타 배우가 되어야 한다.'

사람들에게 사랑받는 인생을 원했나? 그랬다. 이제는 분명히 말할 수 있는데, 그런 생각을 하고 사는 건 사람을 지치게 만든다. 행복한 삶이 아닐 뿐더러 스스로도 설명하기 힘든 곤란한 일이 늘 따라 다닌다. 게다가 나 자신을 속이는 것 같아 기분이 몹시 나쁘다.

잊지 말아야 할 가장 중요한 건 나는 나일뿐이라는 것이다. 바로 여기에서 모든 게 출발한다. 그리고 바로 여기에서 조화롭고 평화로운 인생이 시작된다. 이런 사실들을 인지한 뒤, 다른 생각은 하지 않았다. 물론 쉽지 않은 일이었다.

솔직해지려고 많이 연습했지만 어느새 다시 더듬거리고 나 자신을 꾸며내기 시작했다. 언제나 완벽함과는 거리가 멀었고, 때로는 무례하게 말하기도 했다. 늘 매끄럽게 하지는 못했다. 그러나 그것은 올바른 길이었다. 스스로 많은 부분을 바로잡았다. 그 과정에 늘 적극적으로 임했다. 결코 편안하다고 말할 수 없는 그 과정에서 나 자신에게 가장 친한 친구가 되고 싶었다.

오늘 당장 누군가를 만족시키거나 누군가 자신을 좋아하게 만들고 싶다면, 당신도 분명 마음이 괴로울 것이다. 그 고통을 안다.

나는 나 자신의 가장 믿음직한 친구이며, 어떤 일이 있더라도 나를 완전히 적대시하지는 못할 것이다. 어떤 상황에서도 기꺼이 자신을 위한 시간을 낼 수 있으며, 내 행동 뒤에 있는 좋은 의도를 오해하지 않고 제대로 이해할 수 있다.

상황이 복잡해지면 스트레스를 주는 신념을 찾아 질문을 던지고 뒤바꾸기해본다. 이런 식으로 이성을 정제한다. 그렇게 하면 나 자신에게 스스로 좋은 친구가 될 수 있다.

관계 뒤바꾸기

내가 다른 사람의 마음을 아프게 했을 경우, 관계를 개선할 수 있는 방법을 그 사람에게 직접 물어보는 것도 괜찮다.

이달 초에 있었던 일이다. 나는 친구 집에 초대받았다. 그곳에는 친구의 지인과 직장 동료들이 여럿 와 있었다. 다소 긴장해서 마음이 편치 않았지만 우울한 표정으로 가만히 앉아 있고 싶지는 않았다. 그래서 사람들과 대화를 나누었다. 사람들은 내게 특이한 체험담을 하나만 들려달라고 요청했다. 떠오르는 이야기가 있었지만, 여러 사람 앞에서 들려주기엔 너무 사적인 게 아닌가 싶어서 주저했다. 사람들은 다시 한번 이야기를 들려달라고 부탁했다. 모두 처음 보는 사람들이라서 요청을 거부하거나 그대로 가만히 있기 민망했다. 결국 나는 말을 꺼내게 되었다. 당연히 그 사람들이 어떤 사람들인지 고려하고 이야기할 수 없었다.

얘기를 시작하자마자 오른편에 있던 사람이 불쑥 질문을 던졌다. 말을 중단하고 손짓으로 잠시만 얘기를 들어달라고, 답변은 이야기가 끝난 후에 하겠다고 의사를 전달했다. 그런데 잠시 후 왼쪽에 있던 사람이 얘기의 핵심이 뭐냐고 장난스러운 말투로 물었다. 그 순간, 그 사람의 농담 섞인 질문에 아무런 대답도 할 수 없었다. 나는 술을 한 잔도 마시지 않은 상태였지만, 다른 사람들은 이미 살짝 취해 있었다. 얘기를 중단하고 이렇게 말했다.

"죄송합니다. 오늘 제가 좀 피곤하군요."

사람들은 전부 실망했는지 작은 소리로 투덜대기 시작했다. 다들 내가 아무 말도 하지 않을 것임을 확신한 듯했다. 분위기를 바꾸기엔 이미 늦었다는 생각이 들었다. 나는 내가 정한 원칙에 따라 행동함으로써 나 자신의 친구가 되고 싶었다.

"미안합니다. 더 이상 얘기하고 싶지 않네요. 오늘은 그런 얘기를 하기에는 적당하지 않은 것 같아요. 이만 집에 가보겠습니다."

내 뜻을 전달했다. 거기에서 자리를 뜨는 게 나 자신을 배려하고 대화에서 빠져 나오는 가장 간단한 방법이란 생각이 들었다. 친구에게 인사하고 그녀의 집을 나왔다. 나오면서 보니 다들 화가 난 눈치였다. 나는 아무래도 좋다고 생각했다.

집에 돌아온 후 후회가 몰려왔다. 더 상냥하게 말할 수 있지 않았을까? 좀 더 잘할 수 있지 않았을까? 애초에 거기에 가질 말았어야 했나? 그 일로 친구가 불쾌하지 않았기만을 바랐다.

세 시간 동안 그 생각이 머릿속을 떠나지 않았다. 수화기를 집어들었다. 예상대로 친구는 상당히 불쾌해하고 있었다. 나에 대해 이런저런 말들이 오갔다고 했다. 친구에게 미안하다고 사과했으나 수화기를 내려놓고 나서도 마무리되었다는 느낌이 들지 않았다.

이틀 후 다시 전화를 걸었다. 친구는 여전히 그날 모인 사람들에게 내가 무례했다고 생각하고 있었다. 그녀는 좋은 친구이다. 그래서 재차 진심으로 사과하고 나서 부탁하듯 물었다.

"어떻게 하면 우리 관계가 회복되겠니?"

"뭐야, 시시하게."

친구는 그 이야기를 그만하자고 했다. 하지만 나는 그러지 않았다.

"이건 나를 위한 일이기도 해. 이대로는 기분이 풀리지 않을 것 같아."

"알았어. 그럼 다음 기회에 준비를 잘해서 좋은 얘기를 들려줘."

나는 기분이 한결 좋아졌다. *안 좋은 관계가 좋은 관계로 뒤바뀌는 것은 이렇게 한 순간이다.*

○

딸과 함께 다시 템펠호프 공원으로 자전거를 몰았다. 딸아이는 이번에도 왼쪽으로 가자고 했다. 나는 딸에게 말했다.

"아냐, 오늘은 평소에 다니던 길로 가보자."

딸이 시큰둥한 반응을 보였지만 계속 딸을 설득했다.

"지난번에는 왼쪽 길로 갔잖아. 그러니까 오늘은 다시 오른쪽으로 가는 게 다른 방법으로 시도하는 게 아닐까?"

살짝 눈을 찡긋하며 딸을 보았다. 그런데 딸이 더 좋은 아이디어를 내놓았다.

"엄마, 이렇게 해보자. 나는 왼쪽 길로 갈 테니 엄마는 오른쪽 길로 가. 아직 안 해본 거잖아."

우리는 자신의 위치에서 출발해서 각자 다른 방향으로 공원을 달렸다. 어디쯤에선가 딸과 다시 만나게 될 것이다.

↪ 고치고 싶지만 잘되지 않는 습관을 적어보자.

(ex: 담배를 끊는 건 어렵다.)

질문1   당신을 괴롭게 하는 행동은 진짜일까?

(ex: 담배를 끊는 건 어렵다는 게 진짜일까?)

(사실이 아니라면 다음 질문으로 넘어가지 않아도 된다.)

다시 한 번 생각해보자. 정말 진짜일까?

(ex: 담배를 끊는 건 어렵다는 게 정말 진짜일까?)

그런 생각을 할 때 내 마음 상태는?

(ex: 담배를 끊는 게 어렵다고 생각할 때 내 마음 상태는?)

그런 생각을 하지 않을 때 내 마음 상태는?

(ex: 담배를 끊는 게 어렵다고 생각하지 않을 때 내 마음 상

태는?)

_____

_____

_____

_____

_____

↪ 자, 이제 뒤바꾸기를 해보자. 당신을 괴롭히는 생각이 어

떻게 바뀌었나?

(ex: 담배를 끊는 건 쉽다.)

_____

_____

_____

_____

_____

Reverse

2

당신을 괴롭히는
걱정이라는 생각에서
벗어나기

스스로 만든 걱정거리

오늘은 수요일, 날씨가 화창하다. 창문 틈으로 들어온 햇살이 얼굴에 부드럽게 와닿았다. 개별 상담을 했던 클라우스에 대한 기록을 쓰려고 컴퓨터 앞에 앉았다. 여러 개의 메일이 도착해 있었다. 친구 안네테가 보낸 메일과, 세무 상담사의 메일, 에이전트가 보내온 메일이 있었다. 문서 작업을 잠시 중단하고 메일을 열어보았다. 안네테의 메일은 만나기로 한 약속을 취소하고 싶다는 내용이었다. 세무 상담사는 증빙 서류를 추가로 보내달라고 했고, 에이전트는 최근에 찍은 사진을 보내달라고 했다. 메일을 확인한 뒤 계속해서 클라우스에 대한 상담 기록을 적어내려갔다.

그는 자신에게 스트레스를 주는 생각들로 인해 심한 압박감을 받았다고 했다. 그에게 스트레스를 주었던 생각들을 메모했다. 메모를 보며 계속해서 클라우스에 대한 이야기를 정리하고 있는데 갑자기 머릿속에서 친구의 메일 내용이 맴돌았다. 만나고 싶다는 내 뜻을 거절한 이유가 뭘까? 얼른 메일을 보내서 확인해봐야 하나? 아냐, 지금은 기록을 하고 있잖아. 다시 메모장을 보면서 키보드를 두드렸다. 클라우스에게 알려줄 내용을 정리했다. 스트레스를 받는다고 생각하지 않을 경우 그의 삶이 얼마나 아름다워질지를 알려주는 내용이었다.

그때 갑자기 다시 다른 생각이 떠올랐다. 내가 지난번에 그녀의 생일을 깜빡 잊어서 약속을 취소했나? 그 일 때문에 토라졌나? 그렇지는 않을 것이다. 계속 키보드를 두드렸다. 클라우스에게 스트레스를 준 것과 정반대의 것을 보았다면 클라우스의 삶은 어땠을까? 세상을 보는 관점을 바꾸었다면 어땠을까? 평화로운 삶을 원한다면 지금까지와는 다른 생각을 해야 한다. 난 클라우스가 언제든 읽어볼 수 있도록 내용을 모두 정리해서 메일로 보냈다.

잠시 휴식을 취하면서 차를 마셨다. 생일을 깜빡 잊은 게 그렇게 잘못한 일인가? 안네테는 내 생일을 알기나 하나? 곰곰이 생각해보았다. 내 생일에 난 뭘 했지? 그날 빈둥거리며 시간을 보냈다. 생일 파티는 하지도 않았다. 그날 안네테가 내게 전화라도 했나? 전혀 기억이 나지 않았다. 찻잔을 들고 다시 책상으로 갔다. 오늘 할 일이 또 뭐가 있지? 달력을 보았다. 오늘은 인터넷 홈페이지 관리자와 전화 통화하기로 약속한 날이었다. 웹사이트에 게시된 일정을 변경해야 했기 때문이다. 그에게 전화를 걸었다. 솔직히 말해 나는 친구들 생일을 거의 챙기지 않는다. 어쩌다 생일 파티에 초대됐다면 운 좋게 챙겼을 것이다. 홈페이지 관리자와 통화를 마친 다음 다시 달력을 보았다. '내적인 휴식 찾기'란 주제로 짤막한 글을 써야 했다. 키보드에 손가락을 얹어둔 채 생각했다. 나이를 먹으면 생일을 챙기는 게 그다지 중요하지 않다. 물론 어렸을 적에는 중요했다. 그러나 지금은 그렇지 않다.

갑자기 기분이 나빠졌다. 뱃속이 편하지 않았다. 이상하네. 무슨 일이지? 의자 깊숙이 몸을 기대고 두 눈을 감았다. 나를 불안하게 만들고 있는 건 친구의 메일이다. 컴퓨터에 다가 앉아 친구가 보낸 메일을 열고 그 어느 때보다도 진지하게 내용을 다시 읽어보았다. 짧은 내용을 여러 번 되풀이해서 읽었지만 만나기로 한 약속을 취소한다는 말뿐이었고 다른 건 없었다.

시계를 보니 오후 3시 30분이었다. 학교에서 딸아이를 데려올 시간이었다. 자전거에 올랐다. 바람이 귓가를 스쳐갔다. 친구의 생일을 잊은 건 잘못한 일이라는 생각이 들었다. 나와는 별 상관없는 일이라는 식으로 안이하게 생각하지 말았어야 했다. 교문을 지나 학교 안으로 자전거를 몰았다. 앞으로는 지인들의 생일을 챙기기 위해 달력에 정확히 기록해두어야 하나? 친구의 생일에 꼭 전화를 걸어서 축하 인사를 해야 하나? 자전거에서 내리면서 이런 생각을 하는데, 기분이 좋지 않았다. 그때 딸이 내 팔을 잡았다.

○

우리는 도서관으로 향했다. 책을 여러 권 빌려 집으로 돌아왔다. 가볍게 식사를 마치고 나서 책을 읽기 시작했다. 다행히 딸도 나처럼 책 읽기에 몰두했다. 딸이 빌려온 책은 롤라가 주인공인 책 세 권, 야생 닭들이 나오는 책 두 권 그리고 토끼 눌리와 개구리 프리제무트가 주인공으로 등장하는 그림책 한 권이었다. 나도 눌리와 프리제무트가 나오는 책을 좋아한다. 보고 있으면 마음이 따뜻해지기 때문이다. 딸아이가 빌려온 책 중에 《프리제무트의 생일》이 있었다. 생일! 안네테의 생일을 잊은 일이 다시 떠올랐다. 생일이란 주제가 하루 종일 따라다닌다는 생각에 머리가 아파졌다. 어쨌거나 이쯤에서 그 일은 잊자. 다시 가벼운 기분으로 딸과 함께 책을 읽고 싶었다. 딸이 잠자리에 들고 나면 어떤 방식으로든 그 문제의 해결책을 찾아보아야겠다고 생각했다. 그렇게 생각하니 마음이 편해져 딸이 빌려온 생일에 관한 책을 읽어줄 수 있었다.

한 시간 후, 다시 책상에 앉았다. 생일이란 주제가 다시금 마음을 어지럽혔다. 안네테가 보낸 메일을 다시 열었다. 오늘 오전에 읽었을 때와 다른 점은 없었다. 안네테는 약속을 취소했으며 취소 이유를 밝히지 않았다. 생일과 관련된 내용은 없었다. 내가 생일이란 문제를 만들어낸 것이다. *간단하게 말하면 나 스스로 걱정거리를 만들었다.* 즉, 내가 안네테를 마음 아프게 했을 것이라는 걱정, 내가 생일을 챙겨주지 못한 사람들 모두가 기분이

상했을 것이라는 걱정, 내가 좋은 친구로 느껴지지 않았을지도 모른다는 걱정이었다. 하루 종일 그런 걱정이 머릿속을 파고들어 나를 놓아주지 않았다. 한 가지 생각이 다른 생각을 타고 끊임없이 걱정을 만들어냈다.

무언가를 하기 위해서는
근심이 필요하다는 생각이 진실인가?

근심이란 무엇인가? 근심은 생각이다. 형체가 없고 손에 잡히지 않으며 보이지 않는 사고의 과정이다. 근심에는 '만약에……' 또는 '……가 생길 수도 있는데'라는 두려움이 동반된다. 그런 것들은 삶을 힘들게 한다. 근심이란 분명하지 않은 생각이 소용돌이치는 것으로, 나에게서 떨어지지 않으며 육체적 정신적 힘을 고갈시킨다.

해결되지 않는 일 때문에 속 태우는 걸 좋아할 사람은 없다. 그렇다면 근심은 아무런 의미도 없는 걸까? 근심이 주변을 맴돌며, 끊임없이 괴롭힌다면 무의미하다고 그냥 지나칠 수는 없다.

끊임없이 걱정한다면 친구 안네테를 마음 아프지 않게 할 수 있을까? 내가 지난해 생일을 축하해주지 못한 사람들의 마음을 치유할 수 있을까? 그렇지 않다. 근심한다고 돈을 많이 벌 수 있을까? 사랑을 바란다고 사랑을 많이 받을 수 있을까? 깊이 걱정한다고 직장에서 성공할 수 있을까? 그렇지 않다. 나는 걱정을 덜하면서 살고 싶다.

걱정을 가볍게 받아들이지 못하게 하는 요인은 무엇일까? 나를 괴롭히는 신념은 다음과 같다. '근심은 중요하다.' 뒤바꾸기를 해보자.

그게 진짜일까?

무언가를 하기 위해서는 근심이 필요하다는 게 진실인가? 의자에 몸을 묻고 대답을 기다렸다. 역시 나에게 돌아온 응답은 '그렇다'였다.

다시 한 번 생각해보자. 정말 진짜일까?

그렇지 않다. 100퍼센트 자신할 수는 없다.

그런 생각을 믿을 때 내 마음 상태는?

기분이 좋지 않고, 스트레스를 받으며 인지력이 떨어질 뿐만 아니라, 좋은 해결책을 찾지도 못한다.

그런 생각을 믿지 않을 때 내 마음 상태는?

걱정을 하지 않으면 기분이 한결 좋아진다. 그렇다면 이렇게 뒤바꾸기를 해보자. '근심은 중요하지 않다.'

근심 가득한 생각이 유용한 행위가 되도록 방향을 정할 것

근심이 정신을 마비시키고, 오랜 시간 나를 압박하며 점점 더 많은 근심을 갖게 만든다면 중요하지 않다. 그러나 근심함으로써 행동하고, 준비하며, 아이디어를 생각해내고, 어려움을 해결한다면 근심은 도움이 된다.

근심 가득한 생각이 유용한 행위가 되도록 방향을 정하는 게 가능할까? 즉, *머릿속을 가득 채울 걱정을 얼른 인식하고 이롭게 만드는 것이다.* 걱정이 하루 종일 연기를 내며 타게 내버려두어선 안 된다. 며칠씩 내버려두는 건 안 된다. 그런 생각을 확인한 후엔 실용적으로 접근해 나 자신에게 물어야 한다. 나는 어떻게 해야 하나?

○

시계를 보았다. 밤 10시 30분이었다. 안네테에게 메시지를 보냈다. '잠시 통화 가능할까?' 안네테에게 곧바로 답신이 왔다. '물론이지.'

안네테에게 전화를 걸어 해명을 했다. 그런데 안네테는 내가 생일을 못 챙긴 것 때문에 마음이 상한 것이 아니었다. 그건 그저 기분이 조금 나빴다고 했다. 안네테는 병원 진료 일이 그날로 잡혀서 불가피하게 약속을 취소할 수밖에 없었다고 설명했다. 안네테와 많은 얘기를 나누었다. 안네테에게 좋아하는 마음을 전하면서, 침착하지 못하고 덜렁대는 성격이라 친구들의 생일을 잊기 일쑤라고 말했다. 우리는 웃으면서 전화 통화를 마쳤다.

아, 이제야 마음이 가벼워지는 것 같았다. 오해도 풀렸다. 물론 문제가 생겼을 때마다 매번 간단하게 해결되지는 않을 것이다. 이것 역시 두고 봐야 한다. *추측일 뿐이기 때문이다. 따라서 지금 당장 걱정할 필요는 없다.*

다음 날이 되자 가슴 설레는 기대감이 생겼다. '걱정하다'라는 게 생각 도구인가? 머릿속에 익혀두면 유용하게 쓰일 것으로 보이는가? 물론 나는 그렇다고 생각한다. *뒤바꾸기를 연습하면서 두려움과 걱정은 그 실체를 확인하고 나면 곧바로 없어지는 것*

을 자주 경험했다.

나는 이 세상의 한 부분이라는 것을
인정할 것

걱정을 근본적으로 줄이는 게 가능한가? 그런 생각을 하자 긴장되기 시작했다. 세미나와 개별 상담을 통해 알게 된 근심 걱정 리스트 10가지는 다음과 같다.

1. 파트너가 나를 버릴지도 모른다.
2. 다른 사람들이 나를 나쁜 사람으로 생각할 수도 있다.
3. 나는 타락할 수도 있다.
4. 나는 만족을 모르며 매력도 없다.
5. 내게 어떤 좋지 못한 일이 일어날지 모른다.
6. 인생의 의미를 꼭 찾아야 한다.
7. 통제력을 잃게 될 것이다.
8. 돈을 충분히 벌지 못할 것이다.
9. 문제 해결 방법을 찾지 못할 것이다.
10. 사람들에게 버림받아 혼자가 될 것이다.

하루 일과를 보내면서 또 어떤 걱정거리가 떠오를지 차분히 기다려보았다. 그런데 막상 편안한 마음으로 기다리니까 아무런 걱정도 생기지 않았다.

이제는 걱정을 어떤 유용한 행동으로 바꿀 수 있을까 생각했다. 걱정이라는 괴물을 버리고 싶다. '생각과 걱정'의 반대 개념은 '느낌' 아닌가?

커피 값을 계산하려고 카페 의자에 앉아 기다렸다. 내 몸이 어떤 자세로 의자에 앉아 있는지 느껴졌다. 쿠션 위에 엉덩이와 다리가 있고, 허리는 의자 등받이에 닿아 있다. 단단한 소재로 만든 등받이는 예전에는 느껴보지 못한 감촉이었다. 지면에 닿은 한쪽 발로 바닥의 느낌이 전해졌다.

여 종업원이 내 앞을 지나더니 다른 테이블로 가서 계산하는 모습이 보였다. 찻잔이 쨍그랑거리고 사람들이 대화를 나누고 카페 문이 열리는 소리가 들렸다. 이제 계산을 해야겠다. 마음이 편안했다. *나는 이 세상의 한 부분이다. 내 뜻과 상관없이 세상에서 발생하는 많은 일들 사이에서 끊임없이 선택해야 한다.* 선택의 여지가 너무 많다 보니 불행한 사태가 일어나기도 한다.

나는 도심의 혼잡한 인파 속으로 휩쓸려 들어갔다. 그러자 정신이 들었다.

스스로 무엇을 할 수 있는가?

생각과 반대되는 개념이 있다면, '지각'도 생각의 반대 개념이라고 할 수 있다. 이는 사물의 안과 밖을 느끼는 것으로 후각, 미각, 청각, 시각이 모두 포함된다. *감각 경로를 열어두는 것은 걱정을 줄이는 데 도움이 된다.*

○

어느 날, 딸이 잠든 시간에 다른 걱정거리 하나가 엄습했다. 서재로 들어선 순간, 바닥에 쌓아놓은 어떤 것에 시선이 머물렀다. 이미 수개월 전부터 거기에 있었으나 줄곧 눈에 들어오지 않았던 물건이었다. 각종 영수증을 모아놓은 더미로, 지난해 소득세를 신고하는 것을 잊지 않기 위해 그곳에 놓아두었다. 영수증 더미에 시선이 닿자 긴 한숨부터 나왔다. 마음이 무거워졌다. '언제까지 신고해야 하는 거지?' 그런 생각을 하며 영수증 더미가 언제부터 여기에 있었는지 돌이켜보았다. 넉 달 전인가? 아니, 다섯 달? 그보다 더 오래됐나? 얼마 동안이나 신고를 미뤘지? 영수증들을 보며 탄식했던 일이 기억났다. 책상에 팔을 올리고 머리를 파묻었다. 늘 할 일이 쌓여 있는 편이다. 당연히 모든 일을 다 처리할 수 있는 건 아니다.

자리에서 벌떡 일어났다. 머릿속에 떠오른 걱정을 바로 인지했다. 그러자 다시 기운이 생겼다. 그렇다면 이제 해야 할 일이 뭐지? 그렇다. **현실적으로 접근해서 내가 무엇을 할 수 있을지 스스로에게 물어봐야 한다.** 영수증 뭉치를 내려다보았다. 내가 뭘 할 수 있지? 물론 영수증 뭉치는 아무 말도 해주지 않았다.

이런 일은 대개 세무 상담사에게 맡기지만, 준비해야 할 일이 있다. 내가 언제 어느 장소에서 어떤 일을 했는지는 다른 사람들이 모른다. 그건 오직 나만 기록할 수 있다. 다른 사람에게 위임할 수 없는 일이다. *어떻게 해야 걱정을 떨쳐버리고 혼자 모든 것을 다 할 수 없다는 것을 마음 편히 인정할 수 있을까?*

내가 하는 일들이 늘 선택이라는 점을 인식했다. 단 한 번도 하고 싶은 걸 모두 해본 적이 없다. 난 잠을 충분히 자지 못한다. 딸을 학교에 데려다준 뒤 하루에 열 시간 정도 일하며, 친구를 만나 두 시간 동안 점심을 먹는다. 자기계발서와 소설을 동시에 쓰고 있으며, 오후 시간에는 딸아이와 놀아주고 운동을 하며 스케이트도 배운다. 또한 그림을 배우러 가고, 세미나 준비도 할 뿐만 아니라, 많은 책을 읽으며, 댄스도 배우고, 신문 읽기도 빠뜨리지 않는다. 저녁 시간에는 편안한 마음으로 텔레비전 방송을 시청하거나 친구를 만나 와인을 마신다. 이렇게 많은 일을 해야 하는데, 하루는 고작 24시간뿐이다.

대부분의 사람이 중요한 일은 직접 처리하려고 한다. 그런 일은 대개 자신에게 큰 의미가 있는 일이거나 회피할 수 없는 일 둘 중 하나다. 소득세 신고도 둘 중 하나인가? 의심의 여지도 없이 그렇다. 즉, 나는 꼭 소득세 신고를 해야만 한다. 그것도 가급적 빨리 하는 게 좋다. 달력을 펼쳤다. 최소 다섯 시간 정도는 걸릴 것 같은데, 언제 하는 게 좋을까? 다음 주 수요일 오후 일정이 비어 있었다. 볼펜을 잡고 달력에다 '소득세 신고'라고 또박또박 썼다. 그러자 금세 마음이 가벼워졌다. 마치 소득세 신고를 다 마치기라도 한 듯, 홀가분해졌다.

의자에 몸을 묻고 잠시 편안한 느낌을 즐겼다. 서재 안이 따뜻했다. 허리를 구부린 채 의자에 앉아 있어서 요추골이 늘어난 느낌이었다. 거리의 소음은 거의 들리지 않았다. 하지만 이곳은 여전히 도시이고, 나는 도시 안에 있다. 깊은 숨을 내쉬었다.

근심 가득한 생각을
유용한 행위로 조정하는 연습

마음먹고 소득세 신고를 할 때 제출해야 할 영수증들을 정리했다. 더 이상 미룰 수도 없고, 나밖에 할 사람이 없는 일이기도 했다. 커다란 부엌 테이블 위에 영수증들을 쌓아놓고 경쾌한 음악을 튼 다음 일하기 시작했다.

영수증 정리를 시작한 뒤 얼마 안돼서 시계를 보니 벌써 두 시간이나 흐른 뒤였다. 젠장, 도대체 몇 시간이나 더 해야 하는 거지? 그런 생각이 들자 문득 지난해 꼬박 3일 동안 이 일에 매달렸던 기억이 났다. 그 생각을 떨쳐버렸다. 영수증을 전부 다 붙이고 순서대로 정리하고 나니 다섯 시간이 지나 있었다. 하지만 일을 다 마쳐서 마음이 홀가분했다. 모든 걸 다하지 못한다고 여전히 걱정하고 있나? 자리에 앉아 응답을 기다렸다. 아니다. 그렇지 않다.

○

어느 날, 딸아이를 학교에서 데려오기 위해 집을 막 나서려는 순간, 딸에게서 문자 메시지가 왔다. 어눌한 문장력이었지만 의미는 알 수 있었다. 오늘은 학교에 오지 말라며 지금 핸드폰을 꺼야 하니 나중에 다시 연락하겠다고 했다. 바로 전화를 걸었지만 딸의 핸드폰은 이미 꺼져 있었다. 핸드폰을 물끄러미 쳐다보며 생각했다. 얘가 지금 어디서 누구와 함께 있는 거지? 대체 언제 연락하겠다는 거야?

의자에 앉았다. 딸아이가 학교 친구들과 거리를 뛰어다니는 이미지가 머릿속에 떠올랐다. 그리고 곧 황당무계한 생각이 들었다. 웬 낯선 남자가 보였다. 남자는 딸에게 문자 메시지를 보내라고 강요했다. 끔찍한 생각이었다. 더 이상 생각하고 싶지 않았다. 의자에서 벌떡 일어났다. 심장이 두근거리기 시작했다. 불안해지면서 큰 걱정이 덮쳐왔다. 이런 경우엔 어떻게 해야 하는지 아무 생각도 나지 않았다. 끝없이 밀려드는 걱정이 어떤 스트레스를 불러일으키는지 분명히 느꼈다. 끝없는 걱정은 나의 인지력을 감소시켰으며, 머릿속을 텅 비게 만들었다. 이럴 경우를 대비해 써둔 메모를 읽어보았다. 근심 가득한 생각을 유용한 행위로 조정하는 연습이다. 내가 할 수 있는 건 무엇일까?

가장 먼저 떠오른 것은 마음 가라앉히기였다. *스트레스와 걱정이 가득한 정신 상태로는 바람직한 해결책을 찾아낼 수 없다. 다시 의자에 앉아 이 사태에 이성적으로 접근해야겠다고 마음먹었다.* 그러자 눈앞에 다른 그림이 펼쳐졌다. 딸아이는 학교 안에 있다. 딸아이는 뭐가 급한 일이 있는지 어디론가 황급히 가려다가 문자 메시지를 보낸다. 어쩌면 친구의 음악 수업에 함께 가는 도중인지도 모른다.

핸드폰을 집어들었다. 딸아이의 친구들이나 친구 엄마들에게 전화를 걸어보자. 딸이 어디에 있는지 한 사람쯤은 알 것이다. 어렵지 않게 할 수 있는 일이다. 이 사태는 금방 해결될 것이다. 첫 번째로 전화를 건 친구는 아는 바가 전혀 없다고 했다. 그 아이의 엄마도 마찬가지였다. 두 번째로 전화를 건 친구는 전화를 받지 않았다. 다섯 번을 시도했지만 딸이 어디 있는지 알아내지 못했다. 다시금 불안이 엄습해왔다. 심장이 멎을 것만 같았다.

○

스트레스를 주는 생각을 계속 하고 있다 보면 미쳐버릴 것 같았다. 늦어도 두 시간 후면 딸이 어디 있는지 알게 되고 딸과 함께 저녁 식사를 할 거라고 생각할 수도 있다. 나중에 연락하겠다고 한 이유도 곧 알게 될 것이다. 현실성 있는 생각을 하기로 마음을 다잡았다.

내가 할 수 있는 게 더 있을까? 차를 몰고 얼른 학교로 가보거나, 베를린 시내를 헤매고 돌아다니면서 아이를 찾아보거나, 경찰에 신고하는 방법도 있다. 그런 방법을 시도하기엔 아직 이르다는 생각이 들었다. 그냥 걱정에서 비롯된 히스테리 반응일 수도 있기 때문이다.

음악을 틀고 심리적 긴장 상태에서 벗어나려고 애썼다. 어느 정도 시간이 지나야 사태를 심각하게 받아들일 만한 걸까? 딸과 나는 저녁 7시에 식사를 함께하곤 했다. 함께 식사를 하려면 지금쯤엔 집에 와 있어야 한다. 7시까지는 걱정하지 말고 기다려볼까? 결국 마음을 굳혔다. 딸아이가 7시까지 집에 돌아오지 않는다면, 그때부터 걱정을 하자. 그렇게 현실적으로 생각했다.

다시 책상 앞에 앉았다. 팔을 책상에 얹고 두 손을 움직여보

왔다. 그러고는 길게 숨을 내쉬었다. 컴퓨터 모니터에서 희미한 빛이 어른거렸다. 컴퓨터 배경 화면은 만개한 튤립이 가득 있는 사진이다. 방 안 공기가 나지막하게 살랑거리는 듯했다. 마음이 가라앉자 일을 시작했다. 핸드폰을 곁에 두고는 아무런 근심도 갖지 않은 채 30분가량 회신 메일을 썼다. 그러고 나서는 핸드폰을 들여다보았다. 전화도 문자 메시지도 오지 않았다. 다시금 걱정되기 시작했다. '이젠 뭔가 해야겠어. 정말 나쁜 일이 생겼으면 어쩌지? 엄마라면 이런 상황에서 어떻게 해야 할까?' 이런 생각이 들자마자 다시 시간을 확인해보았다. 문자 메시지가 도착한 시간은 오후 3시 30분이고, 지금 시간은 오후 5시다.

판단하지 말고 느끼기만 할 것

잠시 의자 등받이에 등을 기댄 채 자문해보았다. 내가 지금 할 수 있는 일이 있을까? 그렇게 나 자신에게 구체적인 질문을 던지면서 생각에 방향성을 주는 것만으로도 기분이 한결 맑아졌다. 그러나 아무런 행동도 하지 않고 있자니 근심이 멈추지 않았다. 다시 무슨 좋지 않은 일이 실제로 일어난 것은 아닐까 하는 불길한 생각이 들었다. 환상이나 악몽이 아닐지도 모른다.

딸과 같은 반 아이들의 엄마들에게 다시 전화를 했다. 이들도 딸의 소재를 모르긴 마찬가지였지만, 딸이 있을 법한 장소를 알려주었다. 마음이 가벼워진 나는 다시 일을 하면서 촉각, 청각, 시각, 후각, 미각을 모두 열어두었다. 그런 과정을 두 번 되풀이했다.

오후 6시에 현관문에 열쇠를 꽂는 소리가 나더니 "엄마, 나 왔어" 하는 딸의 목소리가 들렸다. 얼른 현관으로 달려가 딸을 부둥켜안았다. 딸의 얼굴을 보니 정말 반가웠다. 잠시 후 딸에게 얘기 좀 하자고 했다. 딸은 친구가 악기 연습을 하는 교실에 함께 있었다고 했다. 친구를 방해하지 않기 위해 핸드폰을 꺼두었던 것이다. 나는 딸에게 문자 메시지 때문에 많이 걱정했다고 말했다. 우리 모녀는 앞으로 하루 일과에 변동이 생길 경우 항상 전화하기로 약속했다. 아니면 누구와 어디에 함께 있으며, 정확히 몇 시까지 다시 연락할 것인지 문자 메시지로 알리자고 했다. 그런 후, 딸과 기분 좋게 저녁 식사를 했다.

○

다음 날도 느끼기 연습을 계속했다. 감각을 열고 외부 세계와 내면 세계를 모두 감지하면 좋은 느낌을 받는다. 단, 판단하지 말고 느끼기만 해야 한다. 그러면 생각할 때보다 더 많은 것을 얻을 수 있다. 생각은 너무 강력하고 확정적이어서 내 안에서, 그리고 주위에서 어떤 작용이 일어나는지를 잊게 만든다. 나는 아무런 생각도 하지 않고 앉아 있을 수 있으며, 아무런 생각도 하지 않고 숨 쉴 수 있다. 내 몸은 대개 자동으로 움직인다. 몸의 모든 움직임은 의식적으로 조정되지 않는다. 여러분도 한번 시도해 보라. 그 결과는 정말 대단하다.

지금 이 순간 우리가
아무런 걱정을 하지 않아도 될 10가지 이유

어느 날 저녁, 딸아이가 침대에서 일어나더니 나를 불렀다.

"엄마, 잠이 안 와."

딸에게 다가가 물었다.

"왜 잠이 안 올까?"

"늘 바보 같은 생각을 하게 돼."

딸아이가 내 손을 잡으며 대답했다. 나는 다른 손으로 딸아이의 머리를 쓰다듬었다. 스킨십이란 좋은 것이다. 이렇게 쓰다듬으며 서로의 체온을 전하다 보면 끊임없이 떠오르는 쓸데없는 생각이 사라진다.

"무슨 생각이 나는데?"

"우리 집에 도둑이 드는 생각."

그런 공상이 딸을 자주 괴롭혔다고 했다. 딸아이는 벌써 열두 살이다. 이 세상에서 정확히 4400일을 살았으며 그동안 우리 집에는 단 한 번도 도둑이 들지 않았음을 알려주었지만 아무런 도움이 되지 않았다. 더 큰 숫자를 얘기해도 도움이 안됐다. 엄마는 벌써 1만 6000일을 살았으며, 아빠와 함께 산 날도 적지 않지만 지금까지 한 번도 도둑을 본 적이 없다는 말로 안심시키려 했으나 소용없었다. 그런 숫자들이 딸에겐 아무런 의미도 없었다. 딸에게 도움이 될 만한 것을 찾다가 이렇게 말했다.

"아름다운 걸 생각해보렴."

그러자 딸이 한숨을 푹 쉬며 "어떤 거?"라고 되물었다. 곰곰이 생각하다가 이렇게 대답했다.

"예를 들면, 네 생일을 한번 떠올려봐."

밝은 표정으로 말을 이었다.

"생일 선물로 갖고 싶은 거 있니? 갖고 싶은 선물 리스트는 써놨어? 아직 안 썼다고? 그럼 지금 써보는 게 어떨까? 갖고 싶은 게 뭔지 한번 생각해보는 거야."

그러자 딸아이가 미소를 지으며 고개를 끄덕였다. 우린 그렇게 걱정거리를 유익한 방향으로 전환시킬 수 있었다.

그렇다. 고통스럽고 소모적인 고민을 하며 잠 못 이루는 밤을 보낼 필요는 없다. *무슨 걱정을 하고 있는지 얼른 알아내 자신에게 유익한 행동으로 전환하는 것은 불가능한 일이 아니다.*

지금 이 순간 내가 아무런 걱정을 하지 않아도 될 10가지 이유가 있다.

1. 내 수입으로 생계유지가 가능하며, 빚도 없다. 그래서 언제든 물건을 사고 값을 지불할 능력이 있다.

2. 나는 건강하다.

3. 내 아이도 건강하며 쾌활한 성격이다.

4. 나는 친구가 많다.

5. 내가 사는 곳에는 지진이나 홍수 또는 기타 자연 재해가 발생하지 않는다.

6. 혼자 되지 않을까 걱정할 필요가 없다. 내가 이 세상에서 가장 이상하게 생긴 사람이라 할지라도 날 좋아하는 사람이 한 명쯤은 있을 것이다.

7. 시댁과 친정 식구들 모두 나를 좋아한다. 다들 따뜻한 마음을 가진 사람들이다.

8. 지금까지 나는 늘 나 자신을 잘 보살펴왔다. 앞으로도 그럴 것이다.

9. 자동차를 새로 살 계획이나 다시 도색할 계획도 없고, 차량 정기 검사 일정도 아직 잡혀 있지 않다.

10. 배를 굶거나 목마름에 고통받지 않고 산다. 언제나 마실 수 있는 깨끗한 물이 있다.

이런 것들만 생각해도 나는 정말 행복한 사람이다. 그러나 *걱정과 두려움의 근간을 이루는 기본 개념은 이런 것이다. '내 마음대로 하지 못하는 일이 언제 어디서든 일어날 가능성이 있다.'*

자신을 믿기

만약 딸아이에게 좋지 않은 일이 생길 경우, 잘 대처할 수 있을까? 어느 날 기력을 잃어서 혼자서는 집 밖으로 나가지 못하게 되면 어찌해야 하는가? 또는 세상 사람들이 나를 적대시한다면? 견뎌내기가 쉽지 않을 것이다. 내가 감당하기 버거운 상황이 펼쳐질까 봐 두려웠다. 그런 걱정은 밤마다 나도 모르는 새에 침실 안으로 기어 들어와 대화에 간섭하고 의사 결정에도 영향을 미쳤다.

얼마 전에는 무릎 위에 스케치북을 올려놓고 소파에 앉아 있는데 이런 생각이 들었다. '평생 그림을 그리는 데 소질이 없다고 믿어왔다. 지금 그림을 그리는 건 세미나에 필요하기 때문이다.' 그날 밤, 소파에 앉아 내가 그려놓은 그림들을 보고 있는데 그것들이 전부 이상해 보였다. 균형이 전혀 맞지 않았고, 원근법도 엉망이었으며, 얼굴은 전부 다 비뚤어져 있었다. 자신감을 잃고 말았다. 그러자 이런 생각이 들었다. '쓸데없는 짓을 했군. 이제 그만 포기하자. 시간만 낭비할 뿐이야.' 앞에 놓인 그림들을 보며 아마추어 수준에 불과하며 본질적인 부분을 놓치고 있다는 생각을 했다. 계속 이렇게 하면 실패할 것이다. 쓸데없는 일에 힘을 소모하지 말자. 이러한 시간 낭비가 내가 좋아하는 일도 망칠 것이다.

가장 고통스러운 생각은 이렇다. '어려운 일이 생기면 제대로 대처하지 못할 것이다.'

그게 진짜일까?

숨을 내쉬면서 어떤 응답이 올지 기다렸다. 쓸데없는 일에 힘을 낭비해 생긴 불행의 책임은 나 자신에게 있음을 알게 되었다. 나의 대답은 '그렇다'였다.

다시 한 번 생각해보자. 정말 진짜일까?

그렇지 않다. 100퍼센트 확실하지는 않다. 머릿속으로 이야기의 다른 출구가 있다고 생각하기 시작했다. 그러자 마음이 한결 가벼워졌다.

그런 생각을 믿을 때 내 마음 상태는?

소파에 앉았다. 아는 사실은 내가 그린 그림이 오늘은 마음에 들지 않는다는 것이었다. 하지만 나머지 다른 생각들은 전부 공상일 뿐이며, 머릿속에서 만들어진 생각일 뿐이다. 쓸데없는 일에 시간을 낭비하고 있으며, 하는 일이 망쳐지고 있는데도 이에 대해 대처하지 못할 거라고 생각하자 마음이 불안해졌다. 목이 막히고 심장 박동이 빨라졌다. 내게 일어날 가능성이 있는 모든 재앙을 눈앞에 그려보았다. 지금 당장은 아니지만 예견할 수 있는 재앙들이다. 나는 나 자신을 두려움과 공포에 빠뜨렸다.

고통을 줄이기 위해 와인 한 잔을 따랐다. 이런 경우가 아니라면 마시지 않았을 것이다. 그 생각은 분명 스트레스를 주었다.

그런 생각을 믿지 않을 때 내 마음 상태는?

다시 소파에 앉았다. 스트레스를 주는 생각을 하지 않았다면 오늘은 그쯤 해두고 다른 일을 하자고 생각했을 것이다. 굳이 끔찍한 상황 속으로 들어갈 필요는 없다. 그렇게 하면 마음도 한결 편해질 것이다. 그리고 그런 생각을 하지 않는 게 현실에 더 가깝기도 하다.

스트레스를 주는 믿음과 정반대되는 개념은 다음과 같다. '나는 그 일을 잘 대처할 것이다.'

이것이 진실일까? 그럴 것이다. 나는 숨을 내쉬었다. 앞으로 어떤 일들이 닥칠지 알 길이 없지만 나는 문제없이 잘해낼 수 있을 것이다. 어떤 상황이 생길지, 그리고 그 상황에 어떤 방법으로 대처할지 아무것도 모른다. 또한 그런 상황이 벌어지면 어떤 압박감을 받을지도 알 수 없다.

영화배우 생활을 그만둘 무렵에 이와 유사한 상황을 경험한 적이 있다. 지난 시절을 곰곰이 생각해보면, 나는 지금까지 닥친 일들을 모두 무난하게 해결해왔다. 친구들이나 친인척들이 세상을 떠났을 때도 슬기롭게 극복했다. 한동안 두려움에 휩싸여 세상 모든 걸 무서워했지만 이겨냈다. 땡전 한 푼 없을 정도로 경제적 파산 위기에 몰렸었지만, 그 역시 너끈히 견뎌냈다. 나는 이미 엄청난 고통을 겪어냈다. 조롱과 모략의 대상이 된 일도 있었고, 고독하게 생활한 적도 있었으며, 길거리에서 절도를 당한 경험도 있었고, 나 자신의 과오를 탓해야 할 일도 있었다. 하지만 그런 일들이 있을 때마다 무던히 해결했다. 따라서 앞으로 어떤 일이 닥쳐도 잘 해결할 수 있을 것이다. *나 자신을 믿으며 일단 기다려보자. 걱정을 할 필요는 없다.*

○

세상의 종말이 오더라도 잘 이겨내는 방법 외에 다른 선택은 없을 것이다. 나는 최선을 다해 세상을 살리고, 세상이 번영하도록

할 것이다. 물론 세상의 마지막 날이 내 손에 달려 있는 것은 아니지만.

그렇다. 선택의 여지가 없다. 그럴 수밖에 없는 상황이라면 고민할 것도 없다. 내일이 없다면 걱정도 없다.

EXERCISE 각 장의 EXERCISE(연습) 코너를 통해 뒤바꾸기를 직접 실행해보길 바란다. 4가지 질문을 가장 편안한 자세로 받아들이고 정직하게 생각해보라. 뒤바꾸기를 통해 당신은 곧 당신을 괴롭히는 생각에서 벗어나 홀가분해질 수 있을 것이다.

↬ 지금 당신의 머릿속을 어지럽히는 걱정은 무엇인가?

(ex: 속이 안 좋은데 혹시 위염이나 큰 병은 아닐까?)

_____

_____

_____

질문 1 그게 진짜일까?

(ex: 속이 안 좋은 게 큰 병이라는 것이 진짜일까?)

_____

_____

_____

(사실이 아니라면 다음 질문으로 넘어가지 않아도 된다.)

다시 한 번 생각해보자. 정말 진짜일까?

(ex: 속이 안 좋은 게 큰 병이라는 것이 정말 진짜일까?)

_____

_____

_____

_____

_____

그런 생각을 할 때 내 마음 상태는?

(ex: 속이 안 좋은 게 큰 병이라고 생각할 때 내 마음 상태는?)

_____

_____

_____

_____

_____

질문 4 그런 생각을 하지 않을 때 내 마음 상태는?

(ex: 속이 안 좋은 게 큰 병이 아니라고 생각할 때 내 마음

상태는?)

_____

_____

_____

_____

⤳ 자, 이제 뒤바꾸기를 해보자. 당신을 괴롭히는 생각이 어

떻게 바뀌었나?

_____

_____

_____

_____

_____

Reverse

23

솔직하게 거절하는
두려움에서
벗어나기

거절은 나뿐만 아니라
타인에게도 이로운 영향을 준다

사람들이 솔직하다면 이 세상은 정말 살기 편할 것이다. 자신의 관심사가 무엇인지, 사태의 전말이 어떠한지, 무슨 일로 화가 났는지, 하고 싶은 일과 그렇지 않은 일은 무엇인지 등을 정직하게 말하면 세상은 좀 더 평화로워질 것이다. 하지만 현실은 타인의 말 한마디에 모욕감을 느끼거나 상처를 입어 마음을 숨기기 일쑤다.

당신은 의뭉스레 시치미 떼는 걸 좋아하는가? 대화하다가 낱말을 잘못 선택해서 혀 꼬부라진 소리를 내는 걸 좋아하는가? 표정 관리하는 것을 좋아하거나 대화가 끝나갈 즈음에 긍정적인 얘기나 건설적인 얘기를 하는 걸 잊지 않는가? 사람들은 스피치 수업에 등록하기도 하고 의사소통 능력을 개발해준다는 책을 읽는다. 그리고 하루 종일 거기에 몰두하다가 저녁이면 진척이 있는 자신의 모습에 놀라워한다. 먹기 싫은 수프를 어쩔 수 없이 떠먹으면서 얼마나 많은 시간과 힘을 낭비하고 있는가?

나는 내가 진정으로 원하는 일을 대수롭지 않게 여기는 경향이 있다. 어차피 안될 것이라는 생각이 들기 때문이다. 더불어 다른 사람을 귀찮게 한다고 지레짐작하기도 한다. 게다가 타인에게 거절당하는 것을 두려워한다. 다른 사람이 나를 어떻게 생각할까? 그가 내 말을 거절한 게 무슨 의미일까? 내가 많이 부족하다거나, 일 처리가 미숙하다거나, 터무니없는 요구를 한다거나 욕심이 많다고 생각할 수도 있다.

○

이 장에서는 타인에게 솔직히 거절 의사를 밝히는 것이 나 자신에게 긍정적으로 작용하며 더 나아가 타인에게까지도 이롭다는 것을 알려주고 싶다.

나는 '솔직하게 의사소통하기'라는 슬로건을 내걸고 '아니다'라는 느낌이 들면 '아니요'라고 말하기로 결심했다. 그리고 *내가 진정 원하는 게 뭔지 생각해보기로 했다. 다른 사람들에게 마음의 상처를 준다는 생각은 하지 않기로 했다.*

'내가 솔직하면'이라는 문장을 이용하기

수신 보관함에 아직 답변을 하지 못한 메일이 하나 있었다. 답변을 쓰려고 할 때마다 적당한 말이 떠오르지 않았다. 답변을 하려면 휴식과 시간이 필요할 것 같아 차일피일 미루고 있었다. 친구 루카스가 나와 다른 친구 몇 사람에게 보낸 메일로, 이사를 할 예정이니 와서 도와달라는 내용이었다. 이미 두 차례나 루카스의 이사를 도와준 적이 있다. 이사한 집의 벽을 흙손으로 매끄럽게 손질해주었으며, 페인트칠은 물론 뒷정리까지 도왔다. 그런데 이번에는 그러기가 싫었다.

거절을 어떻게 전달하면 좋을까? 허리 통증 때문에 못 간다고 하는 게 가장 그럴듯한 변명거리지만 어딘지 자연스럽지 않다. 가벼운 짐은 얼마든지 들어 나를 수 있을 테니까. 아니면 자동차로 이삿짐을 나르는 일만 하거나 음식을 준비해갈 수도 있다. 실은 가고 싶은 마음이 아예 없다는 게 문제였다.

친구의 이사를 도와줄 나이는 지났다고 생각했다. 학창 시절에는 언제든 기꺼이 움직였다. 학생이라 돈을 아껴야 했고, 이삿짐 나르는 게 재미있기도 했다. 하지만 이제 루카스는 이삿짐센터를 이용할 정도의 여유가 생겼다. 그러니 이젠 이삿짐 나르는데 굳이 친구를 부를 필요가 없다. 너무 야박한가? 흠, 그럴 수도 있다. 물론 인정머리 없다는 소리를 듣고 싶지는 않았다. 그렇다면 어떻게 해야 할까? 좀처럼 묘안이 떠오르지 않았다. 생각할수록 머리만 아파졌다. 잠시 시간을 갖고 이와 관련해서 내게 스트레스를 주는 신념을 찾아보았다. 그리고 나 자신에게 물었다. 도대체 두려워하는 게 뭐지? *'내가 솔직하면……'이라는 문장을 어떻게 이용해야 할까?* 머릿속에 가장 먼저 떠오른 생각은 이런 것이다. '내가 솔직하면 친구들이 나를 고지식한 사람으로 여길 것이다.'

맞다! 그건 정말 끔찍하다. 친구들이 나를 그렇게 여기는 건 견딜 수 없다. 친구들이 이렇게 생각할 수도 있다. '쟤는 힘든 일은 하기 싫어 해. 개념이 없어. 편한 일만 하려들고, 다른 사람들이 자신을 위해주거나 과대평가되는 걸 즐겨.' 내가 두려워하는 게 더 있나? '친구에게 솔직하게 말하거나 부탁을 거절한다면 좋은 벗이라 할 수 없다.' 이런 생각들이 당혹스럽게 만들었다.

좋은 친구가 되려면 어떻게 해야 하나? 필요로 할 때 함께 있어주고, 친구의 얘기에 귀를 기울여주며, 친구를 이해해주어야 한다. 아, 결코 실행하기 쉽지 않다. 누구나 그런 친구가 주변에 있기를 바랄 것이다. 하지만 희망 사항일 뿐, 현실과는 거리가 멀다. 그런 희망을 품고 산다면 실망할 가능성이 크지 않을까? 이렇게 생각해보니 내가 타인에게 큰 기대를 품고 있지 않다는 것을 깨달았다.

진짜 스트레스를 받게 하는 생각은 나와 관련이 있었다. 나는 좋은 벗이라는 개념에 다음과 같은 조건들이 있다고 생각했다.

- 친구가 나를 필요로 할 때 항상 옆에 있어야 한다.
- 늘 열린 귀로 친구의 말을 들어야 한다.
- 수시로 내 소식을 알려야 한다.

이 신념들을 적으면서 어느 조항이 큰 저항감을 일으키고, 스트레스를 주는지 알게 되었다. 스트레스를 주는 생각은 이렇다. '친구의 부탁을 거절하면 좋은 친구가 아니다.'

'친구의 부탁을 거절하면 좋은 친구가 아니다'라는 생각이 진실일까?

나는 메모지와 볼펜을 들고 30분가량 소파에 앉아 있었다. 몇 번이나 한숨을 쉬면서 해결 방법을 모색했다.

'친구의 부탁을 거절하면 좋은 친구가 아니다'라는 게 진짜 일까?

이 질문을 나에게 던지고 나서 어떤 응답이 올지 기다렸다. 답을 얻으려고 애쓰거나 몸과 마음이 지칠 정도로 고민하면 안 된다. 긴장을 풀고 몸을 뒤로 기댄 채 긍정적인 응답 또는 부정적인 응답을 기다렸다. 루카스의 기분을 상하게 하지 않으면서도 이삿짐 나르는 걸 도와주기 싫다는 의사를 명백히 전달할 수 있는 방법을 생각해보았다. 언젠가 루카스에게 다소 난처한 마음을 솔직하게 털어놓았고, 그가 허심단회하게 받아주어서 상황이 부드럽게 마무리되었던 일을 떠올려보았다. 이사하는 날 도와주지 못하는 게 좋은 친구가 아니란 의미일까? 내게 온 응답은 이러했다. 아니다. 그건 진실이 아니다.

'친구의 부탁을 거절하면 좋은 친구가 아니다'라는 생각이 들 때 내 마음 상태는?

컴퓨터 앞에 앉아 루카스가 보낸 메일을 읽으면서도 회신을 미루고 있으면 심기가 불편하다. 이건 옳지 않다는 느낌이 든다. 그리고 도와주러 가지 못하는 이유를 장황하게 해명해야만 할 것 같다. 그것도 바람직한 생각이 아니다. 너무 복잡하게 생각하고 고민하는 것이다. 고개를 설레설레 흔들면서 나를 안 좋게 생각하는 루카스의 모습이 눈앞에 보이는 듯하다. 전형적인 속물! 막상 도움이 필요할 땐 보이질 않네!

그런 생각이 들면 마음이 편치 않다. 나의 거절에 루카스가 실망할 것으로 예상되는데, 나는 그를 어떻게 생각해야 하나? 우리의 우정은 가는 실 끝에 매달려 있는 것 같았다. 아니다. 이

건 정말 바람직하지 않다.

친구의 부탁을 거절하면 좋은 벗이 아니라고 생각하는 나는 어떻게 해야 하나? 살짝 거짓말을 하는 게 더 나을 것 같다면 어떻게 해야 하나? 좋은 의도의 속임수와는 타협할 수 있을지도 모른다. 아니다. 나는 나 자신과 타협하기 힘들다. 친구에게 솔직하고 싶다. 친구가 보낸 메일에 답장을 쓰는 일이 일주일 이상 머릿속에서 떠나지 않았고, 심적 부담으로 다가왔다.

루카스가 날 좋은 친구로 여길지 여부는 그의 일이다. 내가 관여할 바가 아니다. 내가 그의 머릿속에 들어가서 영향력을 줄 수 없는 일이다. 나는 그에게 최대한 까다롭게 굴 수도 있으며, 그는 그런 나를 자신의 좋은 벗이라고 생각할 수도 있다. 어떻게 처신해도 루카스는 자신의 생각대로 나를 판단할 것이다. 나는 숨을 깊이 내쉬고 나서 다음 질문을 던졌다.

그런 생각을 하지 않을 때 내 마음 상태는?

스트레스를 주는 생각을 하지 않고 메일을 읽는다면, '초대'라는 글자와 와서 '도와달라'는 부탁 내용이 눈에 들어올 것이다. 또한 상당히 공손한 말투로 메일을 작성했음을 알 수 있을 것이다. 하지만 나는 그의 초대에 응하고 싶은 마음이 없으며, 그런 내용으로 회신을 할 것이다. 그러면 루카스도 이에 대해 어떤 식으로든 반응을 보일 것이며, 나는 계속 그의 벗으로 남을 수도 있겠지만 그렇지 못할 가능성도 있다. **이렇게 생각하면 정말 단순한 일이다. 세상일이란 그렇게 흘러가는 거다.**

'친구의 부탁을 거절하면 좋은 벗이 아니다'라는 생각이 머릿속에 떠오르지 않는다면, 내 인생이 어떨까? 또는 그런 생각이 떠올라도 그것에 크게 의미를 두지 않는다면 내 인생은 어떨까?

언제든 거절해도 된다

'아니다'라는 느낌이 드는 일은 언제든 거절해도 된다. 몇 날 며칠 동안 미룰 일이 아니다. 그렇게 하는 게 직선적이고 가식적이지 않은 태도이며 솔직한 거다. 그리고 기분도 맑아진다. 간단하게 뒤바꾸기를 해보면 다음과 같다. '친구의 부탁을 거절하면 좋은 친구다.'

이것이 진실일까? 그렇다. 나는 누군가에게 좋은 벗이다. 솔직한 심정을 숨기지 않고 얘기하고, 친구에게 요구할 일은 솔직하게 요구한다. 물론 친구와의 우정이 깨지지 않는 한도 내에서 하고 싶은 이야기를 한다. 진정으로 좋은 관계여야 솔직하게 거절할 수 있다.

적당한 사례를 찾을 수 있을까? 의자에 등을 기대고 앉아 지금까지 살아온 날들을 더듬어보았다. 절친과 세 번이나 여행을 떠나고 싶었던 일이 떠올랐다. 한 번은 단 둘이서, 또 한 번은 내 아이들을 데리고 여행을 가자고 제안했다. 그런데 그 친구는 매번 좋은 계획이라고 말했다가 곰곰이 생각해본 뒤엔 거절했다. 그럴 때면 잠시 울적했다가 다시 마음이 가벼워졌다. 이유는 모르지만 차를 타고 떠나는 여행이 싫다고 솔직히 말해줬기 때문이다. 친구가 원치 않는 여행을 고집해서 함께 떠난다는 건 정말 멍청한 짓이다. 원치 않는 여행을 하다가 어떤 난처한 일이 발생할지 걱정할 필요도 없다. 다행히 친구가 거절 의사를 분명히 했으며, 우리는 지금도 변함없이 친하며 여전히 그는 내게 좋은 친구다.

거절하고도 관계가 돈독해질 수 있다

거절하고 관계가 돈독해진 경우도 있다. 얼마 전 지인이 책을 함께 쓰자고 제안하면서 의견을 물었다. 그의 설명을 들으면서 그가 쓴 대략적인 줄거리를 꼼꼼히 읽어보았다. 또한 나름대로 생각해보면서 그와 의견을 교환한 후 다시 생각해보았다. 나는 그와 신간 집필에 함께할 수 없다는 결론을 내렸다. 그가 생각해낸 소재의 내용들이 빈약하며, 게다가 나와는 맞지 않다고 판단했다. 크게 실망한 그는 결국 혼자 집필하기 시작했다. 그리고 2개월 후 전화를 걸어와 비판했던 부분을 다시 한 번 알려달라고 부탁했다. 그는 집필에 진척이 없다며 하소연했다. 나는 2개월 전 그에게 말했던 내용들 가운데 기어나는 부분들을 한 번 더 얘기해주었다. 그리고 다시 1개월 후, 그는 식사를 함께하자며 감사의 뜻을 전했다. 내 비판 덕분에 집필을 마칠 수 있었다며 고마워했다. 또한 끝까지 물러서지 않고 공동 집필을 거절하는 의사를 밝혀준 데도 고마워했다.

그는 이제 무슨 일이든 나에게 부담 없이 부탁할 수 있으며, 나 역시 부담 없이 할 일을 할 수 있게 되었다. 그는 앞으로도 편한 마음으로 나와의 관계를 지속해나갈 것이다.

○

그렇다면, 루카스에게 솔직하게 거절하지 못하는 나는 좋은 친구가 아닌가? 이런 식으로는 내가 하는 일에 몰두하기 힘들며, 추진력도 떨어지고, 내 감정에 충실하기도 어렵다.

루카스가 이사하는 날, 갈 것인지 말 것인지 지금 결정하지 않으면 이사라는 주제와 루카스에 대한 생각이 머릿속을 떠나지 않을 것이다. 변죽 울리기는 계속될 것이며 루카스가 나를 신뢰하는 것조차 흔들릴지 모른다.

가고 싶은 마음도 없는데 가겠다고 약속해놓으면 이사하는 날엔 하루 종일 기분이 좋지 않거나 마지못해 왔다는 표정을 드러내지 않기 위해 무진장 애를 써야 할 것이다. 어쨌거나 그건 루카스를 속이는 짓이다. 그런 숨바꼭질을 하는 내가 좋은 친구일까? 그렇지 않다는 생각이 들었다.

솔직하지 못하면 어느 쪽에도 도움이 되지 않는다는 것을 깨달았다. 나 자신도 힘들고 마음의 상처를 입으며, 그것은 다른 사람도 마찬가지다. 루카스에게 전화를 걸었다. 아무 준비도 하지 않았으며 어떤 말을 할지도 생각하지 않았다. 루카스가 전화를 받았다.

"어이! 어쩐 일이야?"

루카스가 친근한 말투로 인사했다. 루카스의 목소리에서는 아무것도 추측할 수 없었다.

"어이!"

나도 똑같은 말로 인사를 건네면서 말을 이었다.

"잠깐 전화 통화할 수 있어?"

"물론이지. 이사 얘기야?"

"맞아."

"얼른 말해봐!"

"알았어. 네가 보낸 메일에 아직 답변을 못했어. 너에게 뭐라고 말해야 할지 생각이 나지 않았어. 실은 이삿짐 나르는 거 도와주고 싶지 않아. 우리는 이제 나이도 많이 먹었고, 너 돈도 잘 벌잖아. 이삿짐센터에 요청해도 되잖아?"

그렇게 요점을 얘기한 후 말을 멈추었다. 잠시 뒤, 루카스가 입을 열었다.

"네 말이 맞아. 오겠다고 회신한 사람이 아직 하나도 없어."

"정말?"

루카스의 얘기가 이어졌다.

"모두 열 명에게 부탁했지. 다섯 명은 즉시 답변을 보냈어. 나 보고 제정신이 아니라더군. 나머지 다섯 명은 아직도 고민 중인가 봐. 너처럼."

전화기 너머로 루카스의 웃음소리가 들려왔다.

"저런."

나는 안도의 한숨을 내쉬면서 물었다.

"그래서 어떻게 할 거야?"

"두고 보면 알겠지."

우리는 대화의 주제를 바꿨다.

○

루카스가 불쾌했을까? 나쁜 감정을 품게 됐을까? 나와 절교할까? 이제 나는 루카스의 친구가 아닌가? 그렇지 않았다. 이틀 후, 루카스가 메일을 보내왔다. 이번에도 열 명 모두에게 '내용 수정'이라는 제목으로 메일을 보냈다. 친구들을 초대한다는 내용으로, 이사를 마친 뒤 새집에 모여 와인을 한잔 하자고 했다. 그러면서 집을 예쁘게 꾸밀 좋은 아이디어가 있으면 알려달라고 했다. 혼자 싱긋 웃었다. 루카스를 친구로 둔 게 자랑스러웠다. 마음속 깊이 루카스와의 진정하고 단단한 우정이 다시 한번 느껴졌다.

당당히 거절하고 솔직하게 표현하는 연습

며칠 후, 어머니의 생일이었다. 어머니는 맛있는 커피를 사주겠다며 카페에서 만나자고 했다. 다양한 커피를 파는 근사한 카페였다. 나는 커피를 주문하면서 아주 뜨겁게 해달라고 부탁했다. 주문한 커피가 나왔다. 그런데 뜨겁지 않았다. 평상시였다면 벌떡 일어나 카페 주인에게 따졌겠지만 그러지 않고 적당한 기회를 기다렸다. 어머니의 생일인데, 어머니의 기분을 망칠 수는 없었다. 잠시 후 자리에서 일어나 천천히 주문대로 가서 카페 주인으로 보이는 여자에게 뜨거운 커피로 다시 달라고 부탁했다. 카페 여주인은 다소 놀란 얼굴로 나를 바라보며 대꾸했다.

　"주문하신 대로 커피를 뜨겁게 해서 드렸는데요."

나는 이렇게 말했다.

"흠, 글쎄요. 더 뜨거운 것을 원해요. 가능하겠죠? 전 아주 뜨거운 커피를 좋아하거든요."

그러자 카페 여주인은 눈썹을 치켜올리더니 커피에 대해서는 자신이 전문가며 커피를 너무 뜨겁게 하면 커피 향이 좋지 않다고 설명했다.

카페 여주인의 설명대로 적당히 뜨거운 커피를 마실 수도 있었다. 그러나 당당히 거절하고 솔직하게 표현하고 싶었다. 솔직한 심정은 '미지근한 커피가 싫다'였다.

나는 가볍게 말한답시고 이렇게 대꾸했다.

"한 번 정도 예외는 가능하겠죠?"

그러자 카페 여주인은 이렇게 외쳤다.

"안 돼요! 우리 카페는 고급 커피만 팝니다!"

그러고 나더니 내 옆을 지나쳐 딴 데로 갔다.

몹시 당황스러웠다. 나는 이곳의 손님이다. 그러니 내 요구를 들어주는 게 주인 입장에서도 편하지 않을까? 그러나 그녀는 미지근한 커피는 못 마시겠다는 손님의 항의를 묵살해버렸다. 카페 주인과 내가 서로 '아니라고 말하기' 경쟁을 벌이고 있는 건 아닐 테지만, 어쩌면 카페 주인에게 무언가 배울 수도 있다는 생각이 들었다.

망설이지 않고, 회피하지 않고, 과도하지 않게 거절하기

나는 자리로 돌아왔다. 다소 긴장될 정도로 이 사태가 어떻게 진행될지 궁금했다. 어머니와 나는 계속 얘기를 나누었다. 어머니는 내가 사온 생일 선물을 풀었다. 그때, 카페 여주인이 우리 곁으로 다가오더니 테이블에 과자를 올려놓으며 더 필요한 건 없냐고 물었다. 그녀의 시선이 넌지시 내 커피 잔에 머물렀다. 한 모금 마신 커피 잔을 바라보며 주인이 이렇게 물었다.

"원하시는 게 뭔가요?"

뭐라고 대꾸할지 잠시 망설였다. '뜨거운 커피를 마시고 싶어요'라고 말할까, 아니면 '뜨거운 음료는 뭐가 있나요?'라고 물을까? 카페 주인이 친절하지 않았다고 해서 그녀에게 똑같이 할 필요는 없다. 그런 일이 생길 때마다 누군가에게 상처를 준다면 그것은 거절 의사를 밝히는 바람직한 방법이 아닐 것이다. 나는 그간 상대방의 주장을 주의 깊게 들었으며, 다음과 같은 신념을 갖고 살아왔다. '거절 의사를 밝힐 때는 상대방이 기분 나쁘지 않게 말해야 한다.'

좀 더 어렵게 표현하면, 어떤 방법을 모색해 비난함으로써 타인이 좋게 받아들일 수 있어야 한다. 이런 신념들이 그간 솔직한 의사 표현을 방해했으며, '아니요'라는 말을 꿀꺽 삼키게 만들었다.

"제게 줄 수 있는 게 뭔데요?"

나는 그렇게 반문했다. 솔직한 얘기를 회피하고 있었다. 카페 여주인의 시선이 테이블에 놓인 메뉴판으로 미끄러졌다. 그 카페에서 파는 메뉴가 전부 거기에 적혀 있으며, 그걸 다 읽어줄 수 없다는 표정이었다. 그러더니 나를 바라보며 이렇게 물었다.

"차를 한 잔 드릴까요?"

나는 부드러운 어조로 말했다.

"아니요."

"그럼 차가운 음료를?"

"싫습니다."

"어휴, 그럼 뭘 원하시나요?"

잠시 어색한 침묵이 흘렀다. 카페 여주인과 나는 주위의 시선을 한 몸에 받았다. 마음속으로 '잘됐군'이라고 생각했다. 나 자신을 믿어보기로 했다.

"뜨겁고 달콤한 음료가 먹고 싶어요."

고급스러운 커피보다 내 취향에 맞는 맛있는 커피를 먹고 싶었다. 마음먹고 되풀이해서 말했다.

"저는 뜨거운 커피를 마시고 싶어요."

그게 솔직한 심정이었다. 그렇게 숨김없이 말하고 나니 마음이 흡족했다. 망설이지 않았고, 회피하지도 않았으며, 그렇다고 과도하게 고집을 부리지도 않았다. 뜨거운 커피를 먹게 될지 여부는 별로 중요하지 않았다. 분명하게 내 의견을 밝힌 게 중요했다. 카페 여주인은 아무 말 없이 제자리로 돌아갔다. 카페 주인이 돌아가고 나서도 테이블 위에는 긴장감이 사라지지 않았다. 하지만 카페 여주인에게 원망은 품지 않았다. 자기 소유의 가게이니 마음대로 운영한들 뭐라 하겠는가. 난 단지 뜨거운 커피를 마시고 싶었을 뿐이다.

하루에 생기는 몇 가지 일과를 거절해보기

얼마 후, 여동생과 함께 다시 그 카페에 들렀을 때 카페 여주인은 나를 아예 못 본 척했다. 나는 여동생에게 나가자고 눈짓했다. 그러자 동생도 동의했다. 우린 10여 분을 돌아다니다가 마침내 다른 카페에서 뜨거운 커피를 마실 수 있었다. 내가 뜨거운 커피를 얼마나 좋아하는지 다시 한 번 절감했다. 상대방에게 지나치게 무례한 태도를 보이지만 않는다면 솔직함은 우리에게 많은 것을 가져다준다.

내가 카페 여주인을 상냥한 태도로 대하지 않은 것은 인정한다. 하지만 원하는 바를 얻지 못한 손님이 주인에게 깍듯하게 예의를 차릴 필요는 없다.

그날 이후, 나는 내가 평소에 거절을 잘하지 못한다는 생각을 많이 했다. 세상을 복잡하게 살고 싶지 않다. 그렇다고 괜스레 다른 사람들을 힘들게 하고 싶지도 않다. 예전에 향수를 사다가 상자가 약간 찢어진 걸 모르고 고른 적이 있다. 사실 상자는 어차피 버려야 할 것이니 상관없었다. 자주 가는 서점 주인의 강아지가 내 바지에 침을 흘리면 곁에서 떨어지라고 손짓으로 제지하는 데 그친다. 계약과 관련해 가격 협상을 할 때는 상대방을 지나치게 몰아붙이지 않는다. 내가 지나치게 친절한 사람인가?

물론 피해를 입지 않는 한 상대방을 상냥하게 대하는 건 그리 곤란한 일이 아니다. 사람들에게 친절하게 대하면 즐겁기도 하다. 다만 친절한 태도를 보일 때의 마음은 가식이 아니어야 한다. 그렇게 되면 서로 싸울 일도 없고, 불필요한 논쟁을 벌이지 않을 수 있다. 상황을 악화시키지 않고 여유 있는 상황을 만들 수 있다. 물론 여기에는 솔직함이 전제되어야 한다.

○

며칠 후, 아침에 일어나니 기력이 없고 피곤했다. 몸이 몹시 무겁게 느껴졌고, 얼굴이 잔뜩 부어 있었다. 거울을 들여다보았지만 아무 이상이 없었다. 그냥 기분이 그런 건가 했다. 오늘은 쉬엄쉬엄 평소의 절반 정도만 일해야겠다고 생각했다.

그런데 절반만 일한다는 게 말처럼 쉽지 않았다. 쉬어가면서 한다지만 일을 하다 보면 거의 다하게 된다. *하루 일과 중 생기는 몇 가지 일을 거부해보는 것도 나쁘지 않다.* 나는 걸려오는 전화를 받지 않았다. 누구의 전화인지 뻔히 알면서도 받지 않았다. 그러자 기분이 맑아졌다. 택배 회사 직원이 인터폰으로 내려오라고 하는 데도 거절했다. 나는 커피를 두 잔 이상 마시지 않았다. 오후에 밀려오는 낮잠은 거부하지 않아야 하니까.

솔직함이 아무런 도움이
되지 않는 경우를 구분하기

친구 울리히와 만나서 차를 한잔 했다. 울리히 역시 자신의 생각이나 혼자 마음에 품은 불만, 하고 싶은 얘기를 솔직하게 밝히고 싶은 충동을 자주 받았다고 얘기했다. 그도 하고 싶지 않은 일을 억지로 참아내거나 자기 자신에게 화를 내는 데 익숙했다. 그리고 그럴 때마다 늘 마음이 불편했다.

그는 숨김없이 말하는 것이 사태를 악화시키거나 다른 사람에 대한 비난처럼 들릴 수도 있다고 보았다. 그러나 그는 곰곰이 생각한 끝에 여자친구에게 솔직한 심정을 털어놓았다. 물론 여자친구 입장에서는 들으면 공허할 말이었다. 그런 이야기를 하고 있을 때면 그는 여자친구는 물론이고 자신과도 분리되는 듯했다. 활기 넘치고 역동적인 삶과도 멀어지는 느낌이었다. 하지만 앞으로 한결 자유로워진다는 상상, 좀 더 유용한 습관을 갖게 된다는 상상은 그를 즐겁게 했다.

다른 한편, 울리히는 한결같이 솔직한 것도 그다지 바람직하지 않다고 강조했다. 직업이 의사인 울리히는 자기에게 수술을 받으러 수술실에 막 들어온 환자에게 다음과 같이 말할 수는 없다고 했다.

"저는 지금 엄청 피곤합니다. 게다가 제 동료 의사 한 사람 때문에 화가 많이 나 있어요. 또한 날씨가 이렇게 궂은 날은 뼈마디가 욱신거려요. 지금은 수술보다 휴식을 취하고 싶습니다."

나는 울리히의 생각이 잘못되지 않았다고 생각한다. 당연히 때와 장소를 가리지 않고 막무가내로 솔직해서는 안 된다. *솔직함이 아무런 도움이 되지 않는 경우를 구분해야 한다.*

울리히가 지금까지 알아낸 사실은 이런 것들이다. 주로 자신과의 대화를 먼저 한다. 은밀한 대화를 통해 당장 솔직하게 고백하는 게 반드시 필요한지 신중하게 판단해본다. 주사위를 여러 번 던져보는 것이다. 그런 다음 자신의 마음을 짓누르고 있는 것을 끄집어낸다. 이럴 때는 용기가 필요하다. 마음속에 담아둔 것을 끄집어낼 때마다 마음이 편해졌다. 좀 더 성숙해지는 느낌이 들었고 활력이 생겼다. 울리히는 터놓고 얘기한 것 가운데 대부분을 여자친구가 이해해주었기 때문에 숨김없이 얘기한 것에 대해 뿌듯해했다.

한편 울리히의 여자친구는 울리히의 우울한 기분이 두 사람의 관계에 영향을 미칠까 봐 염려했다. 그래서 울리히가 울분을 푸는 일을 습관화할 필요가 있다고 생각했다. 울리히의 여자친구는 그의 문제를 이해했다. 그는 이런 말도 서슴없이 했다.

"미안하지만, 방금 얘기했던 거 다시 한 번 말해줄래?"

사소하지만 거대한 산으로 변할 수 있다

사람은 할 수 있는 일이라면 무엇이든지 타인에게 부탁한다. 이삿짐 나르는 것을 도와달라고 한 루카스, 놀아달라고 보채는 딸아이, 책을 빌려달라는 친구. 나도 예전에 남자친구에게 무거운 소포를 위층으로 가져다달라고 노골적으로 부탁한 적이 있다.

그런데 부탁이 명료하지 않고 애매하며 어렵게 인식되는 경우가 있다. 이해해달라거나, 주의해달라고, 관심을 가져달라고, 동의해달라고, 사랑해달라고 부탁하는 경우다. 실행하기가 애매한 일상의 사소한 문제들이다. 작은 일이라도 싫으면 거절해야 한다. 나는 이러한 작은 문제들과 씨름했다.

○

남편과 함께 산책하던 날, 남편이 좋아하는 코스와는 다른 길로 가고 싶었다. 그래서 남편에게 내 의사를 밝혔다. 남편은 나름대로 그럴듯한 이유를 대며 자신이 좋아하는 길을 고집했다. 하지만 나는 의견을 숨길 필요가 없다고 생각했다. 중요하다고 생각하는 바를 남편에게 솔직히 말했다.

"당신은 이게 사소한 일이라고 생각하는 거야? 그래, 사소한 일일 수도 있지. *쌓이고 쌓이다 보면 거대한 산으로 변할 가능성이 있는 사소한 일이지. 자신 있게 다른 사람에게 털어놓지 않으면 마음을 짓누를 수 있거든.*"

마음의 질서 되찾기

이전에 통화한 이후 한참 만에 울리히를 만났다. 울리히는 자신이 여전히 솔직하지 못한 경우가 많다는 사실을 깨닫고는 놀랐다고 했다. 게다가 솔직하지 못하다는 사실을 터놓고 말하지도 못했다. 속마음 숨기기, 핑계대고 곤경에서 벗어나기, 끝까지 버티기가 습관화되어서 언제 자신이 그렇게 행동했는지 의식하지도 못했다.

울리히는 평소 다른 사람들과의 마찰을 피하는 경향이 있었다. 그는 아는 사람들과 싸우는 게 싫었다. 대립과 논쟁으로 시간을 허비하기 싫었다. 지인들과 곤란하게 엮이는 상황을 회피하고 싶었다. 그래서 의식적으로 솔직하지 못한 태도를 선택했지만, 늘 마음이 불편했다. 울리히는 이렇게 말했다.

"솔직하게 이야기하지 못하는 태도는 무거운 짐이야. 마치 가방을 두 개 들고 다니는 기분이지. 가방 하나에는 복잡한 생각이 들어 있고, 다른 가방에는 숨겨야 한다는 생각이 들어 있어."

울리히는 자신에게도 솔직하지 못했음을 시인했다. 그는 자신이 소심한 성격임을 한 번도 고백하지 못했다. 그는 자신의 의지와는 달리 정신력이 강한 남자가 아니다. 이제야 그는 *자기 자신에게 솔직해짐으로써 자신의 삶이 제대로 돌아가고 있음을 느꼈다.*

그는 이제 자신이 가고 싶지 않은 바닷가로 밀려나는 일이 없을 것이다.

○

울리히는 자신을 함부로 비난하는 친구 슈테판과 말다툼을 벌였다. 함께 장을 보던 중 슈테판이 울리히에게 너무 약하다, 얼굴이 핼쑥하다, 게으르다, 매력이 없다는 등의 소리를 퍼부었다. 예전 같으면 울리히는 그냥 흘려듣거나 고개를 까닥거리거나 오히려 거만한 표정을 지었을 것이다. 그런데 이번엔 그런 식으로 상한 마음을 감추지 않았다. 그런 말은 기분 나쁘다고 분명하게 받아쳤다. 울리히는 그런 말을 하고 나자 금세 마음이 가벼워졌다.

그는 솔직한 심정을 숨기지 않았으며, 친구나 자기 자신 앞에서 연극을 하지 않았다. 친구 슈테판의 반응은 자신에게 중요하지 않다는 사실을 깨닫고 나서 다소 놀라기도 했다. *타인에게, 그리고 그와 동시에 자신에게 솔직해지는 순간, 마음은 질서를 되찾았다.*

그런 일이 있고 나서 울리히는 자신의 영혼이 아름다운 옷을 입은 기분이라고 했다.

"그래서 그 후에 어떻게 됐어?"

내가 물었다. 울리히는 씩 웃었다. 슈테판도 솔직한 심정을 털어놓는 자신만의 방법을 강구했다고 했다. 그러고 나서 두 친구는 오랜 시간에 걸쳐 전화 통화를 하며 대화를 나누었다. 솔직하고 의미 있는 대화였다.

거절을 통해 비로소 찾은
일상의 아름다움

저녁 무렵, 남편과 부엌에서 마주쳤다. 우린 함께 맛있는 음식을 만들었으며, 프로세코 와인을 땄다. 내가 먼저 한 모금 마셨다. 남편은 샐러드를 준비했고, 나는 스파게티에 쓸 버섯 크림 소스를 만들었다. 프라이팬에 부은 올리브 오일이 금방 뜨거워졌다.

"식사를 마치고 조명 좀 갈아줄 수 있어?"

남편에게 그렇게 물으며 프라이팬에 얇게 자른 버섯을 올려놓았다. 버섯이 올리브 오일 속에서 지글지글 익기 시작했다. 남편이 되물었다.

"어디 조명?"

"거실 조명, 고장난 지 벌써 2주나 됐어."

그렇게 말하고 나서 남편을 향해 눈을 깜빡였다. 남편은 파프리카 한 조각을 입에 넣으면서 "싫어"라고 말했다.

버섯을 자르면서 생각했다. 내가 잘못 들었나? 지금 저 사람이 내 말을 거절한 거야? 프라이팬에서 익어가는 버섯들을 주걱으로 저어 뒤섞고 남편에게 다가갔다.

"뭐라고? 싫다고?"

바브라 스트라이샌드와 라이언 오닐이 주연한 영화 속 장면을 따라하며 물었다. 며칠 전 잠들기 전에 남편과 함께 본 영화다.

"싫어."

남편이 다시 그렇게 말하더니 히죽히죽 웃으면서 파프리카 한 조각을 또 목구멍 안으로 밀어 넣었다.

"그렇구나! 그래서……."

나는 그렇게 얼버무리면서 다시 버섯을 익히는 데 집중하고 크림을 담아둔 통을 열었다. '싫어'라는 말은 명백한 의사 표현이다. 이젠 직접 조명등을 갈아 끼우거나 남편이 마음을 돌릴 때까지 기다릴 수밖에 없다. 익어가는 버섯 위에 크림을 붓자 치이익 소리가 났다.

남편이 다가와 뒤에서 껴안더니 지글거리는 소리가 잦아들 때까지 기다렸다가 내 귓가에 입을 대고 속삭였다. 남편도 얼마 전에 함께 보다가 잠이 들었던 미국 영화의 한 장면을 따라 했다.

"여보, 나는 당신이 요즘 하는 일을 다 알아. 당신은 요즘 거절만 하고 다니는 심술쟁이 작은 요괴 같아. 그리고……."

남편이 말끝을 흐리면서 내 앞으로 몸을 돌리더니 이번엔 원래 목소리로 이렇게 말했다.

"당신, 잘하고 있어. 나도 자주 거절하게 해줘."

남편은 또 얼마 전에 함께 보다가 잠들었던 미국 영화의 한 장면처럼 나를 껴안고 키스했다. 그 순간 인생이 넉넉하고 풍족하며 아름답다는 주장이 지나치지 않아 보였다!

각 장의 EXERCISE(연습) 코너를 통해 뒤바꾸기를 직접 실행해보길 바란다. 4가지 질문을 가장 편안한 자세로 받아들이고 정직하게 생각해보라. 뒤바꾸기를 통해 당신은 곧 당신을 괴롭히는 생각에서 벗어나 홀가분해질 수 있을 것이다.

↔ 지금 당신이 솔직하게 거절하고 싶은 것은 무엇인가?

_____

_____

_____

_____

질문1   부탁을 들어준다고 좋은 사람이 되는 것이 진짜일까?

_____

_____

_____

_____

(사실이 아니라면 다음 질문으로 넘어가지 않아도 된다.)

질문 2 다시 한 번 생각해보자. 정말 진짜일까?

_____

_____

_____

_____

_____

질문 3 부탁을 들어줘야 한다고 생각할 때 내 마음 상태는?

_____

_____

_____

_____

_____

질문 4 부탁을 들어줘야 한다고 생각하지 않을 때 내 마음 상태는?

_____

_____

_____

_____

_____

↪ 자, 이제 뒤바꾸기를 해보자. 당신을 괴롭히는 생각이 어떻게 바뀌었나?

_____

_____

_____

_____

_____

Reverse
4

비판을
선물로 받아들이기

두 가지의 상반된 평가를 받아들여라

사람들은 어떤 방법으로 당신에게 상처를 주는가? 당신이 좋아하는 일에 대해 뭐라고 비판하는가? 나는 오랫동안 누군가가 나를 생각한다는 게 두려웠다. 또는 나를 두고 야비하다거나, 혐오스럽고, 인정머리 없으며, 이기적이라고 비난하는 게 두려웠다. 감각이 둔하고, 생각이 느리며, 냉혹하다는 비난을 듣는 게 즐거울 리 없었다. 그런 소릴 들을 때마다 식은땀을 흘렸으며, 심장박동이 빨라졌고, 내가 그런 사람이 아니란 걸 증명해 보이기에 급급했다.

그렇다면 내가 듣고 싶은 말은 무엇일까? 마음이 넓고, 세심하며, 머리가 좋고, 지혜롭기도 하며, 사랑스럽다는 칭찬이다.

사람들이 나를 두고 하는 상반된 두 가지 평가 가운데 진실이 있을까? 두 가지 평가가 다 사실일 수 있을까? 사랑스러우면서 그와 동시에 야비한 게 가능할까? 냉정하면서 동시에 마음 따뜻할 수 있나? 생각이 느리다가 다시 두뇌 회전이 빨라질 수 있나?

분명히 얘기할 수 있다. 나는 정직한 인간이다. 하지만 가끔

거짓말을 한다. 나는 나에 대한 두 가지 면을 다 알고 있다.

그렇다면 내가 가진 특성을 나쁜 것이라고 낙인찍으면 기분이 어떨까? 바람직한 측면만 밖으로 내보이려고 한다면 기분이 좋을까? 마음에 들지 않는 특성은 전부 다 숨기려고 한다면?

그렇게 하면 완벽한 인간이 될까? 결점 없는 인간이라고 할 수 있을까? 그런 연극을 하는 데 얼마나 많은 에너지가 소비될까?

○

언제부터인가 마음에 들지 않는 나의 특성들도 기꺼이 받아들이기 시작했다. 나 자신을 그대로 받아들이는 게 현실적이다. 마음이 열려 있는 경우도 있었지만, 마음이 닫혀 있던 경우도 얼마든지 있었다. 비열했던 적도 있었으며 눈치가 없었던 적도 적지 않게 있었다. 나는 매우 영리하며 동시에 거만하다. 오직 나 자신의 안위만을 생각한 적도 있다. 그리고 다른 사람을 위해 노력했던 순간도 없지 않다.

비판 시험장에 생각을 올려두기

나에 대한 비판을 두려워할 필요가 없다면 어떨까? 나 자신의 비판뿐만 아니라 타인의 비판을 두려워할 필요가 없다면? 과거에 어떤 신념들 때문에 비판을 받아들이지 못했는가?

나는 다른 사람들이 나를 비판하는 건 다음과 같은 의미라고 생각했었다.

- 그들이 나를 좋아하지 않는다.
- 나는 정직하지 않다.
- 나는 인간성이 좋지 않다.
- 나는 변해야 한다.
- 나는 뭔가 잘못하고 있다.
- 내가 아직도 완벽하게 이해하지 못한 뭔가 있다.
- 나는 세상 사람들에게 호의적이지 않다.

나를 비판하는 사람이 없어야 나의 세계가 제대로 돌아갈 거라고 생각했다. 타인의 비판은 그들의 생각이 반영된 것이다. *비판이란 각자의 세계관에서 비롯되며, 따라서 무조건 나와 관련 있는 것은 아니다.* 사람은 누구나 각자 고유한 의견을 가졌으며, 게다가 의견이란 건 언제든 바뀔 가능성이 있다. 순식간에 생각이 바뀌는 경우는 얼마든지 있다.

다른 한편, 타인의 비판이 나와 관련 있는 경우도 있다. 비판은 보탬이 되기도 한다. 나 자신이 어떤 인간인지 알려주며, 내가 다른 사람들에게 어떤 영향을 미치는지도 알려준다.

그간 일종의 비판 시험장을 설치했다. 나에 대한 비판이 시작되었음을 감지하면 일단 이 시험장에 비판의 내용을 올려놓는다. 이 시험장은 상상 속에 존재하는 일종의 플랫폼 같은 것으로, 내 가슴팍으로부터 약 50센티미터 떨어진 지점에 있다. 그 위에 다른 사람의 생각을 올려놓는다. 그렇게 하면 타인의 생각이 곧장 마음속으로 들어오지 않으며, 머릿속을 파고들지 않는다. 남에게 공격당하는 느낌도 받지 않는다. 타인의 비판 내용과 일정한 거리를 유지할 수 있다. 나는 차분히 마음을 가라앉힌 상태에서 상대방이 비판한 내용을 다시 생각해볼 수 있다.

비판을 선물로 받아들이기

비판을 당했을 때 나 자신에게 이렇게 물어보자.

나에 대한 다른 사람의 평가가 진짜일까? 정말 그 말이 진짜일까?

인정머리 없다거나 이기적이라고 비난당하면 그 말이 사실인지 가슴에 손을 얹고 생각해보자! 내가 정말 인정머리 없는 사람인가? 이기적인가?

처음에 가장 힘들었던 것은 습관을 바꾸는 일이었다. 습관적으로 나에 대한 비판에 이견을 제시했으며, 나를 비판하는 사람들이 나를 부정적인 시각으로 바라보지 않게 하려고 애썼다. 그들이 다시 나를 긍정적으로 바라보아야만 마음 편히 살 수 있을 것 같았다.

나는 비판 시험장을 설치하고 나서부터 남의 말을 귀담아 듣고 타인의 생각을 두 가지로 가려낼 수 있었다. 바로 작은 항아리에 담긴 좋은 생각과 작은 주머니에 담긴 나쁜 생각이다. 작은 항아리에 담긴 좋은 생각은 흥미를 끈다. 작은 항아리에 담긴 말과 생각에는 배울 점이 있다. 작은 주머니에 담긴 나쁜 생각은 '이게 진실일까?'라는 의문을 갖게 만들며, 이에 대해 부정적인 응답을 하게 한다. 나로선 이해하기 어려운 불합리한 생각으로, 공감할 수 없다. 내가 정말 인정머리 없는 인간인지 마음을 열고 자문해보지만 그러한 비판은 지금의 나와는 아무런 관련이 없다. 과거에 남들에게 몰인정하게 군 적이 정말 있었나, 하고 생각도 해보지만 나는 그렇게 몰인정한 사람이 아니다.

비판 시험장은 특히, 예고된 비판이나 느리게 전해지는 비판을 판단할 때 제대로 작동한다. 즉, 시험장을 설치할 시간적 여유가 있을 때다. 아무런 준비가 되지 않은 상태에서 느닷없이 비판을 받는 경우가 많으므로 비판받는 연습을 평소에 꾸준히 하는 게 좋다. 비판을 듣고 크게 놀란다면 낡은 프레임으로 되돌아간 것이다. 타인의 말이 화살이 되어 거침없이 심장을 뚫거나 꿀 먹은 벙어리처럼 답답해지면 마음의 상처를 입어서 저항감을 갖게 된다. 타인의 말을 듣고 싶어하기는커녕 방어를 하거나 되받아치게 된다.

누군가가 나를 비판하러 다가오는 걸 두려워하고 싶지 않다. 그래야 자유롭고 마음 편히 살 수 있다. 과하게 조심하거나, 뒤로 물러나거나, 너무 주의 깊게 행동하지 않아도 된다. 누군가 나를 방해하지 않으면 내가 옳다고 생각하는 방식대로 살 수 있다. *나를 향한 비판을 선물로 받아들이면 비판이라는 방해를 받지 않을 수 있다.* 물론 이게 과하게 들릴 수도 있겠지만 이렇게 생각하면 분명 비판을 나쁘게만 받아들이지 않을 수 있다. 비판은 내가 받을 수도 있고, 돌려보낼 수도 있는 선물이다.

얼굴 표정을 자연스럽게 내버려두는 연습

다음 날 복사할 게 있어 집에서 나왔다. 기분은 평소와 다름없었다. 뛸 듯이 기쁘지도 않았으며, 그렇다고 특별히 우울하거나 불쾌한 기분도 아니었다. 벌써 수년째 복사할 게 있으면 들르는 가게에 들어섰다.

"안녕, 토미, 카이."

인사를 건넸다. 그러자 그들도 내게 인사했다. 그런데 토미가 이렇게 물었다.

"괜찮으세요?"

토미가 근심 가득한 표정만 짓지 않았어도 가벼운 대화가 될 만한 질문이었다. 나는 이렇게 말했다.

"그럼 괜찮아. 그런데 왜?"

그러자 토미가 상냥하게 대꾸했다.

"무슨 일 있는 표정이세요."

"어, 그래?"

그렇게 대답하면서 상당히 놀랐다. 다시 토미에게 물었다.

"내 얼굴이 어떤데?"

그러자 토미가 잠시 생각하는 눈치더니 곧 대답했다.

"평소에는 늘 웃는 표정이시거든요. 그렇지 않은가요?"

내가 늘 웃는다? 잠시 생각해보았다. 다른 사람들의 눈에 친절한 사람처럼 보이고 싶은 건가? 상냥하지 못한 여자라고 남들이 수군거리는 걸 두려워하는가? 그런 것일 수도 있다. 다른 사람들에게 무뚝뚝한 사람으로 보이지 않기 위해 그랬는지도 생각해보았다.

시간이 지날수록 의미 없는 미소나 공허한 웃음으로는 아무 것도 이룰 수 없겠다는 생각이 뚜렷해졌다. 있는 그대로의 내가 받아들여지는 순간이 가장 마음 편하다.

복사 가게에서 나와 집으로 향하는 길을 걸으면서 얼굴 표정을 자연스럽게 내버려두는 연습을 시작했다. 일부러 밝은 표정을 지으려고 애쓰지 않았다. 타인에게 미칠 영향을 고려해 표정 관리를 하지도 않았다.

비판은 서로를 이해하는 데 도움이 된다

오후가 되어 딸아이가 학교에서 돌아왔다. 딸은 저녁 식사는 뭐냐고 묻더니 숙제를 시작했다. 내가 아무런 대꾸도 하지 않자 딸은 내게 다가오면서 저녁에 뭐 먹을 거냐고 다시 물었다. 나는 딸에게 되물었다.

"뭐 먹었으면 좋겠니?"

그 질문이 딸아이의 기분을 좋게 만든 것 같았다. 딸아이는 CD 한 장을 오디오 기기에 넣고 볼륨을 크게 하더니 부엌으로 달려가 찬장에서 스파게티 면을 꺼냈다. 딸아이는 스파게티 요리를 무척 좋아한다. 딸이 기뻐하니 나 역시 기분 나쁠 이유가 없었다. 딸과 나는 부엌에서 경쾌한 발걸음으로 움직이며 면 삶을 물을 끓이고 야채를 준비하면서 CD에서 흘러나오는 노래의 후렴을 목청껏 따라 불렀다.

그런데 갑자기 딸아이가 노래를 중단하더니 등 뒤로 다가왔다. 나는 뒤를 흘깃 돌아보고 나서 끓는 물에 스파게티 면을 집어넣었다. 그러자 김이 천장에 가닿을 듯이 높이 솟아올랐다. 노래의 후렴이 거의 다 끝날 때까지 딸아이는 내 등 뒤에 서 있었다. 내가 물었다.

"무슨 일 있어?"

"응, 그거 좀 웃겨."

야채 소스를 쳐다보며 딸에게 다시 물었다.

"뭐가?"

"엄마가 노래 부르는 거 말이야!"

노래 부르는 걸 멈추고 수저를 옆에 내려놓으면서 말했다.

"내 노래가 어때서?"

"엄마 노래는 좀 이상하게 들려."

그럴 리 없다. 나는 절대 노래를 이상하게 부르지 않는다. 무려 7년간 노래 교습을 받았다. 지금 부른 노래가 이상하게 들렸다면 그건 내 탓이 아닐 것이다. 그런데 찬장으로 걸어가서 막 접시를 꺼내는 순간이었다. 잠깐만. 이런 느낌, 낯설지 않다. 나 자신을 방어해야 한다는 생각, 나를 변호하고 권리를 수호해야겠다는 생각.

찬장에서 접시를 끄집어내려는 순간, 다시 그 노래의 후렴이 들렸다. 반사적으로 후렴을 따라 불렀다. 그런데 왠지 신이 나지 않았다. 열정적으로 따라 부를 수 없었다. 물론 억지로 따라 부르지는 않았다. 딸아이는 노래를 따라 부르지 않고 조용히 테이블에 식기를 올려놓기만 했다. 딸에게 내 노래가 재미없냐고 물었다. 딸이 그렇다고 대답했다. 그러나 딸의 의견에 아랑곳하지 않고 계속 노래를 불렀다. 딸은 등을 돌리고 말했다.

"어휴, 엄마! 제발 그만해!"

나는 목소리를 낮춰 후렴을 따라 불렀다. 잠시 후 후렴이 끝나고 조용해졌다. 딸이 다시 한마디했다.

"정말 못 들어주겠네."

딸의 발언을 비판 시험장 위에 올린 후 자문해보았다.

딸아이의 말이 진짜일까? 내 노래가 다른 사람의 귀에는 정말 이상하게 들리나?

흠, 그렇지 않다. 딸에게 몸을 돌리며 이렇게 말했다.

"내 노래가 고통스러울 정도로 이상하지는 않아. 내 노래가 그렇게 듣기 싫으면 밖에 나가 있을래? 나는 조금 더 따라 불러야겠다."

그러자 딸아이가 눈을 둥그렇게 뜨고 나를 바라보며 "세상에, 엄마 정말 너무해!"라고 외치더니 방으로 들어갔다.

마음을 가라앉히고 따져보자. 내 노래가 귀에 거슬리면 다른데로 가라는 말이 지나친 말일까? 어쩌면 그럴 수도 있다. 딸은 내 노래가 듣기 싫다는 것을 분명히 언급했지만, 나는 귀담아 듣지 않았다.

스파게티 면이 적당히 삶아지자 딸을 불렀다. 음악을 껐다. 이젠 듣기 싫은 노래가 끝났음을 알리는 신호이기도 했다. 딸이 방에서 나왔다. 나는 접시에 스파게티 면을 담고 소스와 파마산 치즈를 얹었다. 딸에게 접시를 주면서 미안하다는 말과 함께 내 노래가 어떻게 들리는지, 구체적으로 뭐가 문제인지 설명해달라고 했다. 피하고 싶지 않았다.

딸의 얘기가 시작되자 귀를 기울였다. 마음을 열고 차분하게 듣자 딸의 주장을 이해할 수 있었다. 딸에게 음악이란 꿈과 같은 것이고, 그림처럼 멋지고 아름다운 것이다. 그런데 내가 딸아이의 음악에 대한 환상을 방해한 것이다.

이런 경우, 나는 타인의 비판을 완전히 무시하지도 못하고 받아들이지도 못한다. 곰곰이 따져보았으나 딸에게 불쾌감을 줄 정도로 노래를 엉망으로 부르진 않았다는 생각은 변함없었다. 어쨌거나 나는 딸의 쓴소리를 열심히 들었으며, 딸의 생각을 공감하고 이해했다. 그러자 마음이 편해졌다. 이런 경우 타인의 비난은 나에게 아무런 보탬이 되지 않지만 문제를 풀어나가는 하나의 방도는 된다. 이럴 때 서로 기분이 상해서는 안 되며, 말싸움을 해서도 안 되고, 큰 오해가 생겨도 곤란하다.

비로소 비판은 딸의 생각을 이해하고 딸아이의 세계로 깊이 들어가는 기회가 되었다.

깊이 생각해보고 느끼고 이해하기

늦은 저녁 여동생에게 전화가 걸려왔다. 수화기 너머로 여동생이 한숨 쉬는 소리가 들렸다.

"기억날 거야. 몇 달 전에 베르크만슈트라세에 있는 커피숍에 함께 간 적 있지? 내가 만나자고 했잖아. 언니를 놀라게 해주고 싶어서 첫 번째 초음파 사진을 가지고 나갔어. 천천히 얘기를 꺼내려고 했는데 자리에 앉기 무섭게 언니가 대뜸 임신했냐고 물었어."

여동생이 잠시 말을 멈추었다. 어쩌면 그때 일을 털어놓음으로써 앙금이 풀리기를 바란 건지도 모른다. 동생의 얘기에 가만히 귀를 기울였다.

"정말 어이없었어. 언니는 기운이 쏙 빠지게 만들었지."

일상생활을 하다가 이런 뜬금없는 비판을 받아 깜짝 놀랄 때는 '흠, 뭐가 그렇게 끔찍했을까?' 또는 '느낌대로 반응하면 안 되는 걸까?'라는 생각을 한다. 이런 생각을 할 때면 상대방을 이 해해야겠다는 생각이 들지 않고 나 자신을 방어하고 싶어진다.

여동생의 비난이 시험장에 올라왔다.

동생의 말이 진짜일까? 내 행동이 정말 여동생을 기운 빠지게 만들었나?

당시 상황을 회상해보았다. 여동생과 카페에 앉자마자 여동 생이 하고 싶어하던 얘기를 정확히 알아챘던 기억이 났다. 여동 생의 말이 맞기는 하다. 나로선 참기 힘들었다. 얼른 그리고 확 실하게 알고 싶었다. 지금 생각해보니 다소 불편하기는 했지만, 솔직하게 말했을 뿐이었다. 솔직한 것을 나쁘다고 할 수는 없다.

"여보세요? 언니, 내 얘기 듣고 있는 거야?"

전화기 너머에서 여동생의 목소리가 들렸다.

"응, 얘기해줘서 고마워. 네 말이 맞아. 내가 왜 그랬는지 나 도 모르겠어. 하지만 어쨌거나 빨리 알고 싶었나 봐. 미안해. 무 례했어."

동생은 잠시 말을 멈추었다. 우리 둘 다 한동안 말이 없었다. 그러다 내가 동생에게 물었다.

"그 얘기를 털어놓고 나니 기분이 어때?"

여동생이 잠시 생각하는지 뜸을 들이더니 이렇게 말했다.

"언니가 내 말을 이해한다니 기분이 괜찮아. 그리고……."

여동생의 웃음소리가 들렸다.

"……내가 핀잔을 주었는데도 고맙다는 소리를 하다니. 정말 뜻밖이야."

동생과 나는 잠시 수다를 떨다가 수화기를 내려놓았다. 마음이 홀가분했다. 아니, 정말 흐뭇했다. 아주 간단하게 갈등을 풀면서도 동생과의 우애가 깊어진 느낌이 들었다. 그리고 나 자신에 대해서도 새삼 알게 된 바가 있다. 책상에 앉아 여동생에게 보낼 메일을 썼다. '내게 하고 싶은 말이 있으면 언제든지 해라!'

어떤 재미있는 이야기를 생각해내 다른 사람에게 얘기하려는 순간 상대방이 먼저 알아차리고 그 얘길 꺼낸다면, 나 역시 기운이 빠질 것이다. 앞으로 그런 짓은 다시 하지 않아야겠다고 일부러 결심할 필요까지는 없다. 그런 결심을 한다면 분명 심적으로 부담될 것이다. *지난 일을 깊이 생각해보고 느끼고 이해하는 것으로 충분하다. 그 이상은 하지 않아도 된다.*

비판은 어느 정도까지 선물일 수 있을까?

비판은 어느 정도까지 나 자신을 위한 선물일 수 있을까? 나에 대한 이상적인 이미지에 집착하면 스트레스가 생긴다. 그러면 타인들에게 불친절하게 대할 때마다 나 자신에게 놀랄 것이다. 이런 이상적인 이미지가 없으면 어떨까? 그렇더라도 늘 타인에게 친절하게 대하고 싶다. 물론 그러지 못한 경우가 있더라도 나 자신을 이해한다. *이상적인 자아에 부합하지 못한다고 해서 나 자신을 비난해선 안 된다. 그래야 본래의 내 모습을 유지할 수 있으며, 마음도 훨씬 편안해진다.* 어쨌든 지금의 내 모습보다 더 긴장을 풀거나, 참을성을 유지하거나, 융통성을 발휘하기는 힘들다. 사람은 누구나 다 그렇지 않은가?

타인의 비판뿐 아니라 나 자신에 대한 스스로의 비판을 통해서도 자기 인식을 할 수 있다. 열린 마음으로 비판을 받아들인다면, 즉 *자신에 대한 온갖 비판에 괴로워하거나 방어막을 치지 않는다면, 자신을 이해하고 그로 인해 성숙해질 수 있다.*

○

며칠 후, 외출 채비를 하면서 자동응답기에 저장된 메시지를 확인했다. 메시지가 무려 열 개나 들어와 있었다. 서둘러 가방을 챙겼다. 빨리 나가봐야 했다. 외출한다는 메모를 남겨두고, 전화기를 현관까지 들고 갔다. 현관에서 메시지를 들으면서 구두를 신으려고 했다. 그때 응답기에서 친구 슈테판의 목소리가 들렸다. 전화기에 귀를 기울였다. 슈테판의 목소리를 들으니 반가웠다. 그가 이렇게 말했다.

"아휴, 전화 통화 한번 하기 힘드네. 도무지 연락이 안 되잖아. 전화 좀 해라."

전화기를 끄고 구두끈을 묶으며 생각했다. 슈테판이 뭐 때문에 화가 났을까? 슈테판이 무려 10번이나 내게 전화를 하고, 전화해달라는 메시지를 여러 번 남긴 적이 그동안 없었다. 나는 서둘러 재킷을 입고 현관문을 닫고 황급히 계단을 내려갔다. 바로 연락해보자. 그런데 슈테판에게 바로 연락하기에는 주위 상황이 여의치 못했다. 이따 쉬는 시간에 하자. 아냐. 쉬는 시간에도 전화할 시간이 없을 거야. 그렇다면, 내일 아침에 전화할까? 무슨 용건으로 나를 찾았는지 내일 들으면 된다.

나는 스쿠터에 올라타고 세미나 장소로 출발했다. 슈테판이 정확히 뭐라고 말했더라? 슈테판이 자동응답기에 남긴 말의 의미를 곱씹어보았다. 그의 말이 맞나? 정말로 내가 최근에 전화를 전혀 받지 않았나? 교차로를 지나 왼쪽으로 방향을 바꾸어 작은 골목길로 들어섰다. 그러고는 스쿠터를 세우고 나서 슈테판에게 전화를 걸었다. 그가 전화를 받았다.

"안녕, 친구. 전화 줘서 고마워."

슈테판이 투덜대기 시작했다.

"도무지 연락이 안되잖아. 무슨 일 있는 거야?"

나는 불쾌하지 않았다. 슈테판 말이 옳았다.

"미안해. 일 때문에 그랬어. 처리할 일들이 워낙 많은 데다 여러 가지 일을 한꺼번에 하려다 보니 전화할 시간도 없었어. 우리 못 본 지 얼마나 됐지?"

슈테판이 뭔가 생각하는지 한동안 말이 없었다. 이럴 때는 가만히 두는 게 상책이다. 어쩌면 슈테판은 자신이 화를 내면서 했던 말을 후회할지도 모른다. 또는 목소리를 높여 메시지를 남겼던 일에 대해 잘못했다고 생각할지도 모른다.

"휴우, 나도 모르겠어. 어쨌든 오랫동안 못 봤잖아."

그의 말에 나는 이렇게 답했다.

"네 목소리 들으니까 반갑다."

따뜻한 느낌이 몸속으로 흘러들었다. 슈테판의 웃음소리가 들렸다. 친구가 있다는 건 정말 좋은 일이다. 우린 그날 저녁에 만나기로 약속했다. 그와의 만남이 기다려졌다.

○

모든 게 정상으로 다시 돌아갈 때까지는 타인의 비판을 되받아

치지 않는 게 좋다. 나는 슈테판의 친구다운 발언과 솔직한 감정 표현에 고마웠다. 선물을 받은 기분이었다. 다시금 내가 이 세상과 결속되어 있다는 느낌을 받았다. 슈테판은 가식적인 말을 하지 않았으며 자신의 감정을 숨기지 않았다.

저녁에 슈테판과 만나 와인을 한잔했다. 슈테판이 내게 물었다.

"언제 시간 나면 춤추러 갈까?"

"아, 댄스, 그거 좋지. 내가 또 잊을지 모르니까 네가 알려줄래?"

슈테판이 고개를 끄덕였다. 그는 뭐든 숨김없이 말하는 좋은 친구다.

타인의 비판이 시작되면 내가 할 일은 없다

자기애를 주제로 한 7일간의 강의 일정이 확정됐다. 아침에는 여전히 춥고 오후가 되면 포근한 날씨였다. 그래서 우리는 주로 오후에 야외 세미나를 했다.

나는 세미나 참가자들보다 하루 앞서 세미나를 하기로 한 장소에 도착했다. 세미나 하우스의 관리자인 사라가 멋진 요리를 만들어주었다. 사라와 와인을 마시면서 대화를 나누었다. 우리는 정원을 거닐다가 호수 아래쪽을 지나 강가까지 산책했다. 그러고 나서는 할 일이 없어 일찌감치 잠자리에 들었다.

다음 날, 차분히 앉아 세미나 준비를 했다. 오후가 되자 세미나에 참가할 사람들이 도착했다. 정성 들여 준비한 계획대로 세미나가 착착 진행됐다. 사라가 음식을 준비하고 빵을 구웠으며, 우리가 필요한 것을 사다주었다. 그녀는 우리들이 필요한 것들을 꼼꼼히 챙겨주었다. 내가 아침마다 물을 마시러 부엌에 들어가면 밝은 표정의 사라가 이미 나와 있었다. 사라는 매일매일 다른 음식을 준비했다. 그러면서도 계절에 맞는 식재료와 그 지역에서 나온 재료를 사용했으며, 야채를 많이 넣어 음식을 만들었고, 순수 채식주의자들의 요구 사항도 잘 들어주었다.

세미나 세 번째 날, 점심 휴식 시간이 끝날 무렵에 커피를 한 잔 더 하려고 부엌으로 가다가 사라와 마주쳤다. 사라에게 물었다.

"오늘 저녁 식사는 뭐예요?"

점심에는 샐러드와 사라가 직접 구운 빵, 그리고 태국식 수프를 먹었다. 사라가 말했다.

"태국식 커리예요."

그래서 사라에게 물었다.

"점심 때 먹은 것과 같은 거네요?"

이 말을 하고 시계를 보니 세미나를 다시 시작할 시간이 되어

서둘러 부엌을 나왔다.

○

　오후 휴식 시간, 사라가 세미나실 앞에 서서 기다리고 있다가 이야기를 하자고 청했다. 사라의 표정이 사뭇 진지했다. 얘기를 나눌 적당한 장소를 찾는 동안, 이곳에 온 이후의 시간들이 머릿속을 빠르게 스쳤다. 사라가 제일 먼저 꺼낼 얘기가 과연 뭘까? 머릿속엔 아무것도 떠오르지 않았다. 자리를 잡고 앉자 사라가 말을 꺼냈다.

　"할 얘기가 있으면 얼른 꺼내는 게 좋다고 저에게 말씀하셨죠. 지금 할 얘기가 있어요."

　나는 고개를 끄덕였다. 사라의 생각은 이랬다. 마치 저녁 식사가 뭔지 다 안다는 듯한 표정을 짓는 것을 보며 마음이 상했다고 했다. 게다가 내가 부엌을 황급히 나가는 바람에 자신은 아무런 얘기도 못했다고 불만을 터뜨렸다.

　사라의 얘기에 귀를 기울였다. 거리감이 느껴지면서도 많이 들어본 익숙한 목소리를 듣는 듯했다. 얼굴을 찌푸릴 기회를 달라고 항의하는 목소리였다. 사소한 일이기는 했지만 내겐 변명할 여지가 없다는 말이었다. 자기 방어 프로그램이 가동되는 듯했다. 그녀와 나는 사고방식이 너무 달랐다.

126

그러나 사라의 말에 즉각 반응을 하지 않고 사라가 마음속에 담아둔 얘기를 마칠 때까지 가만히 경청했다. 우리는 둘 다 미소를 지으면서 대화를 이어나갔다. 사라가 마음 편하게 하고 싶은 말을 다 털어놓고 있음을 느낄 수 있었다.

그리고 나는 그녀에게 무슨 뜻인지 잘 알겠다고 답했다. 그 이상의 말은 하지 않았다. **특별한 해결 방법을 찾아야 하는 문제가 아니었다. 서로 마음을 열고 상대방의 말에 귀를 기울이면 그것으로 충분했다.**

타인의 비판이 시작되면 일단 경청하고 진지하게 생각해본 뒤 대꾸하는 거다.

"네 말이 옳아. 지적해줘서 정말 고마워. 이제 다시 시작할 수 있겠어."

타인의 비판이 시작되면 내가 할 일은 없다. 상대방의 말을 귀 기울여 듣고 그의 감정을 이해하면 된다. 그렇게 하면 비록 나를 비판하는 발언일지라도 상대방과 감정적으로 가까워지고 친숙해질 수 있다. 서로를 이해할 수 있다.

비판 속에 숨 쉬고 있는 진실

그렇다면 내가 예전에 가졌던 비판에 대한 생각을 다음과 같이 뒤바꾸기할 수 있다.

다른 사람들이 나를 비난한다는 건 이런 의미다.

- 그들이 나를 좋아한다.
- 내 판단이 옳다.
- 나는 괜찮은 인간이다.
- 나는 바꿀 게 없는 사람이다.
- 나는 잘못한 일이 전혀 없다.
- 나는 뭐든지 완벽하게 이해했다.
- 나는 세상 사람들에게 이로운 존재다.

그동안 내가 경험했던 일을 생각해보면 이것은 진실이다.
이에 해당하는 세 가지 사례를 들어보겠다.

1. 어머니가 나를 야단친 적이 있다. 내가 늦게 귀가하는 바람에 늦은 시간까지 내 딸을 돌보셨기 때문이다. 어머니가 내게 타박을 하는 순간에도 나는 어머니의 사랑을 느낄 수 있었다.

2. 7일간에 걸쳐 진행된 세미나의 마지막 날이었다. 나는 참가자들에게 세미나의 좋은 점과 그렇지 않은 점을 종이에 써달라고 요청했다. 참가자들이 나를 마땅치 않아

했다면 피드백을 하는 데 애쓰지 않았을 것이다. 그들이 나를 신뢰하지 않았다면 좋은 내용 몇 가지만 대충 써서 주고 솔직한 비판은 하지 않았을 것이다.

3. 3주 전 어느 날, 일요일에 보자고 친구와 약속했다. 나는 그 약속을 대수롭지 않게 여겼다. 그런데 친구는 그게 아니었나 보다. 나는 그날 동시에 두 가지 일을 해야겠다고 생각했으며, 태어난 지 얼마 안된 조카를 데리고 나가겠다는 내용의 메일을 친구에게 보냈다. 그리고 돌아온 건 친구의 타박이었다. 그는 내가 자신에게 몰두하지 않는다면서 서운함과 불쾌감을 나타냈다. 그는 나를 좋아하고 일요일에 함께 시간을 보내고 싶었기에 싫은 소리를 한 것이다. 친구에게 핀잔을 들으면서 그가 나와의 약속을 소중하게 여겼음을 알게 되었다. 그리고 그가 나를 좋아했기에 약속을 소중히 여긴 것이다.

모두들 나를 좋아했기 때문에 나에게 비판을 한 것이다. 나에게 관심이 없었다면 이런 비판은 하지도 않았다.

진실이 들어 있는 세 가지 구체적인 사례를 보면서 **당신의 인생을 가만히 바라보라.** 그러면 비로소 비판 속에 숨 쉬고 있는 진실을 만나게 될 것이다.

각 장의 EXERCISE(연습) 코너를 통해 뒤바꾸기를 직접 실행해보길 바란다. 4가지 질문을 가장 편안한 자세로 받아들이고 정직하게 생각해보라. 뒤바꾸기를 통해 당신은 곧 당신을 괴롭히는 생각에서 벗어나 홀가분해질 수 있을 것이다.

↬ 최근 다른 사람들에게 지적을 받거나 비판을 받은 적이 있는가? 어떠한 일 때문에 비판을 당했는가?

_____

_____

_____

질문1   나에 대한 다른 사람들의 평가가 진짜일까?

_____

_____

_____

(사실이 아니라면 다음 질문으로 넘어가지 않아도 된다.)

질문 2   다시 한 번 생각해보자. 정말 진짜일까?

_____

_____

_____

_____

_____

질문 3   그런 생각을 할 때 내 마음 상태는?

_____

_____

_____

_____

_____

질문 4 그런 생각을 하지 않을 때 내 마음 상태는?

_____

_____

_____

_____

_____

↪ 자, 이제 뒤바꾸기를 해보자. 당신을 괴롭히는 생각이 어떻게 바뀌었나?

_____

_____

_____

_____

_____

자신의 일에
몰두하기

가장 좋은 정리정돈

살다 보면 힘들고 해결하기 어려운 일들이 생기며, 혼란스럽고 결과가 불투명한 일들도 발생한다.

끊임없이 핸드폰이 울렸다. 그런데 별로 전화를 받고 싶지 않았다. 하던 일을 중단하고 싶지 않았다. 사람들은 중요하지 않은 일로 내 시간을 뺏는다. 나를 이해하려고 하지도 않으며, 나와 의견도 다르다. 그리고 사실상 나도 애를 쓰지 않는다. 게다가 기분이 우울해서 의욕도 없었다. 어디에도 희망이 보이지 않았다. 세상이란 원래 이렇게 복잡한 건가? 그렇다. 때로는 세상이 복잡하고 괴로운 일로만 가득해 보인다.

이럴 때는 집 안을 청소하는 게 도움이 된다. 소매를 걷어붙이고 창문을 활짝 연 다음, 청소를 하고 불필요한 것들은 전부다 내다 버리는 것이다. 청소를 하면서 물건을 높이 들어 올려 이렇게 물어봐도 된다.

"이거 쓸 거야?"

그런 뒤 잠시 생각해보고 물건을 버리기도 한다. 이렇게 적지 않은 양의 물건들을 쓰레기봉투에 담아서 내다 버렸다.

청소를 하고 나니 기분이 한결 상쾌해졌다. 집 안이 깨끗이 정돈되자 집 안 분위기가 밝아졌다.

○

내가 아는 한 *가장 좋은 정리정돈 가운데 하나는 '내 일에 몰두하기'다.* 그러나 주의해야 할 것이 있다. 빗자루를 들고 집 앞을 청소하지만, 이웃집 대문 앞은 쓸지 말아야 한다. 빗자루를 어떻게 잡아야 청소를 잘할 수 있는지 세상 사람들에게 알려줘서도 안 된다. 오직 내 집 앞 청소에만 몰두해야 한다. 내 집 앞만 청소한다면 5분이면 충분하다. 오직 내가 사는 집만을 생각하고 작은 노고를 즐겨라.

세 가지 형태의 할 일

할 일은 세 가지 형태로 구분 지을 수 있다.

우선 '내가 할 일'이 있다. 나와 관련 있는 일로, 내 뜻대로 할 수 있으며, 내가 충분히 감당할 만한 일이다. 이 책을 집필하는 것도 내가 해야 할 일이다. 그런데 책이 몇 권이나 팔릴지는 내가 결정할 수 있는 일이 아니다. 그건 '다른 사람들이 할 일'이

다. 내가 쓰고 있는 이 책을 가능한 많은 사람이 사도록 인위적으로 좌우할 수는 없다. 책을 판매하는 것만이 목적이라면 글쓰기가 즐겁지 않을 것이며, 글을 쓰고 싶은 마음도 별로 들지 않을 것이다. 정신적으로 다른 여러 사람들이 하는 일에 의존하는 것이며, 또한 그들을 만족시키려고 노력해야 한다. 그건 전망이 없을 뿐만 아니라 좌절감만 들 뿐이며, 게다가 교활한 짓이기까지 하다. 남들에게 호감을 주는 일도 아니다. 그렇게 노력했는데도 성공하지 못한다면 내 기분이 어떨까? 그렇다고 내 책을 사지 않는 사람들에게 화를 낼 수 있을까? 어떻게 그들을 비판할 수 있겠는가?

두 번째 일은 '다른 사람이 할 일'이다. 내가 해야 할 일도 있지만, 다른 사람들이 해야 할 일도 있는 법이다. 내가 다른 사람들에게 이래라저래라 한다면, 또는 머릿속으로 그래야 한다고 생각하는 것만으로도 그들이 하는 일을 간섭하는 것이다. 나는 그들의 영역 안에 있는 것이며, 그들의 문 앞을 청소하는 것이다. 설사 내가 좋은 의도로 했더라도 타인에 대한 간섭일 뿐이다. 그들이 내게 화를 내거나 청소를 중단하라고 요구하더라도 놀랄 일은 아니다. 그뿐만이 아니다. 내가 그들의 영역에 들어가 있다면, 내 집 앞에는 쓰레기가 잔뜩 쌓일 것이다. 게다가 묻지도 않고 그들의 쓰레기를 치워주려면 너무나 피곤할 것이다. 결국 아무것도 이루지 못할 것이며, 세상이 왜 이렇게 돌아가느냐

고 스스로에게 묻게 될 것이다.

　세 번째 일은 나도 접근할 수 없고 다른 사람들도 접근할 수 없는 일이다. 우리는 그런 것을 운명이 하는 일 또는 신이 하는 일이라고 부른다. 우리 인간이 할 수 없는 일이란 무엇일까? 매일 바뀌는 날씨만 해도 그렇다. 지진이나 홍수, 그리고 기타 자연재해도 인간의 능력을 벗어난 일이다. 내 의지로 지금 당장 해가 솟아나게 한다거나, 갑자기 비가 오게 만드는 것은 불가능하다. 그런 걸 바란다면 좌절감만 얻게 될 뿐이다.

내 일에 집중하는 게 훨씬 쉽다

내가 해야 할 일 이외의 것을 생각하면, 스트레스를 받고 화만 난다. 오늘 아침에 일어난 일이 다시금 그런 생각을 하게 했다. 딸을 학교에 데려다주어야 하는데 꾸물거리다가 시간이 지체되었다. 우리는 서둘러 차에 타고 속력을 냈다. 잘하면 지각은 면할 수 있을 것 같았다. 사거리에 이르렀는데, 신호등은 파란불이었다. 그런데 내 앞의 차가 움직이지 않았다. 짜증이 나면서 이런 생각이 들었다. '제발 얼른 출발해라!' 그런데 앞차는 요지부동이었다. 브레이크를 밟은 채 앞으로 나아가지 않았다. 그러는 사이 신호등은 빨간색으로 바뀌었다. 앞차가 얼른 출발했으면 벌써 사거리를 지났을 것이다. 신호등이 다시 파란불로 바뀌었다. 차창 밖으로 고개를 내밀어 앞을 살폈다. 이게 웬일인가? 내 차 앞으로 차 세 대가 이열 주차 중이었다. 옆 차선의 차들은 쌩쌩 달리고 있었다. 내가 있는 차선의 차들만 멈춰 서 있었다. 더블 파킹이라니. 그야말로 한심한 짓 아닌가?

시계를 확인했다. 젠장! 다음 원형 교차로에 이르러 신호등을 보니 파란불이 들어와서 가속 페달을 밟아도 되는 상황이었다. 자전거를 타고 있는 사람들만 조심하면 될 것 같았다. 그런데 자전거를 탄 사람 하나가 손을 뻗어 오른쪽 방향을 가리키며 페달을 밟았다. 오른쪽으로 가겠다는 표시다. 그럼 나도 오른쪽으로 갈 수 있겠군. 가속 페달을 밟았다. 그런데 그 자전거는 직진을 했다. 이런 젠장! 급히 브레이크를 밟았다. 간발의 차이로 사고를 면했다. 자전거에 탄 사람이 손가락으로 자기 이마를 톡톡 치며 내게 미쳤냐는 신호를 보내더니 욕을 했다. 나는 고개를 절레절레 흔들며 조심스레 차를 몰았다. 딸아이가 시계를 가리켰다.

"나도 알아."

그렇게 말하고 나서 조심스럽게 차를 몰았다.

"내일은 더 일찍 출발하자."

차분하게 말하며, 딸에게도 해야 할 일을 하나 부여했다.

"내일 아침에 일찍 출발하자고 알려주겠니?"

딸아이가 고개를 끄덕였다. 딸을 학교 앞에 내려준 뒤, 잠시 차 안에 앉아 곰곰이 생각했다.

○

도로에서 운전자들이 깜빡이를 켜지 않거나, 수신호를 잘못 보내거나, 주행 차선에다 주차를 하더라도 그들의 운전 방식은 내 일이 아니다. 화가 나고 혈압이 오르긴 하지만, 어쩔 수 없는 일이다. 오히려 이런 일에 참견해 내가 운전에 미숙하거나 조심성이 없는 사람으로 판단되기도 한다.

내가 할 일은 앞을 잘 보면서 조심스레 운전하는 것이다. 할 수 있는 한 최선을 다해 운전해야 한다. 원활한 교통 흐름을 방해하는 여러 요소들을 피해 늦지 않게 딸아이를 학교에 데려다주는 게 내가 할 일이다. 차를 몰고 도로를 달리기 시작하는 순간, 누군가 온갖 방해 요소들을 치워주리라고 기대하면 안 된다.

내 용무에만 몰두하면 언제든지 무언가를 해낼 수 있다. 안전하게 딸아이를 도착지까지 데려다줄 수 있다. 다른 사람 일을 참견하기 시작하면 일은 더더욱 안 풀릴 뿐이다. 예를 들어 앞에 차를 보며 '어서 출발해라'라고 생각하면 그 차는 멈추어선 채 움직이지 않는다. 또는 '빨리 좀 가라!'라고 생각하면 앞 차 운전자는 천천히 차를 몬다. 또는 '저 차, 여기에 주차하면 안 되

는데'라고 생각하면 꼭 그 지점에 주차해서 나는 그곳에 차를 세울 수 없게 되는 경우가 종종 발생한다.

물론 보조자로서 참견하는 건 가능하다. 전조등을 깜빡이거나 경적을 울리거나 창문을 열고 소리를 지르거나 메모를 해서 앞 유리창을 통해 의사를 전달할 수 있다. 그래도 안 되면 경찰을 부르면 된다. 하지만 그게 내가 바라는 바일까? 천만에! 그럴 정도로 바쁜 것도 아니고. 오히려 상황이 더 피곤하고 복잡해질 뿐이다. 이런 것보다는 *내 일에 집중하는 게 훨씬 쉽다.*

○

나는 내 일에 몰두하는 연습을 해볼 것이다. 나는 내 집 앞만 청소하고 싶으며, 내가 남의 일에 간섭하는 순간이 언제인지 재빨리 알고 싶다.

나만의 시간을 즐기기

이틀 후, 오후 5시에 친구를 만나기로 약속했다. 친구보다 먼저 카페에 도착한 나는 편안한 의자가 있는 창가 쪽 자리를 찾았다. 그리고 의자 등받이에 재킷을 걸쳐놓은 다음 커피를 주문했다. 자리로 돌아와서 카페 내부를 쭉 훑어보았다. 햇빛이 든 실내는 아늑했다. 시계를 봤다. 5시 5분이었다. 5분밖에 안 지났네. 시선은 잡지들이 꽂혀 있는 스탠드에 머물렀다. 자리에서 일어나 스탠드로 다가갔다. 잘됐네. 여성지나 읽으면서 기다리자! 적당한 잡지를 골라 자리로 돌아와 앉았다. 커피가 나왔다. 정말 아늑한 느낌이었다. 잡지를 넘기면서 몇 분만 기다리면 친구가 나타날 거라고 생각했다. 잡지의 기사들과 사진들을 훑어보았다. 화장품 광고 코너는 무척 지루했고, 다이어트 팁은 대충 훑었다. 게다가 잡지에 소개된 패션은 내 취향과는 거리가 멀었다. 그러다 보니 어느새 잡지 한 권을 다 보았다. 시계는 겨우 5시 16분을 가리키고 있었다. 독일에서는 약속 시간보다 15분 정도 늦게 나타나는 건 으레 있는 일이지만 이미 그 시간을 넘겼다. 핸드폰을 확인했다. 아니 왜 전화도 안 하지? 늦을 거 같으면 미리 전화를 했을 텐데.

누구라도 나와 의견이 다르지 않을 것이다. 약속 시간은 어겨서 안 되며, 늦을 것 같으면 전화라도 해주어야 한다. 나는 '그가 내게 전화를 해야 한다'라고 생각했다. 그러자 마음이 어지러워졌다. 그동안 좋은 친구라고 생각했던 그의 이미지가 무너졌다. 그가 우리의 우정을 깨뜨렸다는 생각이 들었다. 멍하니 허공을 바라보았다.

○

이럴 경우 약속이 늦는 사람이 전화를 하는 게 상식적이다. 하지만 내가 그에게 이래라저래라 한다면, 그의 일에 간섭하는 셈이다. 그러면 그가 문제를 해결하는 방식에 혼란이 생길 수도 있다. 그가 약속 시간에 늦은 이유를 아직 알지 못한다. 피치 못할 사정이 있을 수도 있다. 내가 할 일은 그저 평온하게 기다리는 일이다. 만나기로 한 사람이 약속 시간에 늦는다고 스트레스 받을 필요는 없다. 나는 '이 친구가 나에게 배려가 없구나' 같은 생각을 했다. 그러면서 그가 무엇 때문에 좋은 건지, 그리고 내게 좋은 친구가 과연 있는지 같은 근본적인 것에 의문을 갖기 시작했다.

하지만 그에게 무슨 일이 생겼으리라는 생각은 들지 않았다. 핸드폰을 들어 그의 전화번호를 찾았다. 이건 정말 내가 할 일이 아닌데. '그가 나에게 전화를 해야 하는데⋯⋯.' 계속 마음이 불편해지자 뒤바꾸기를 했다. '내가 전화를 해야겠다.' 전화를 거는 게 나의 일이라고 생각하니 마음이 가벼워졌다. 통화 버튼을 눌렀다. 그런데 전화는 연결되지 않았고 자동응답 시스템으로 넘어갔다. 나는 통화 종료 버튼을 눌렀다.

이제 어떻게 해야 하지? 그가 오지 않으면 어떻게 할지 나 자신에게 물어보았다. 화를 내거나 우리의 우정을 의심하지 말고 내게 주어진 시간을 즐겨보자. *내 인생은 내가 만들어가는 거니까.* 어차피 오늘 친구와의 만남에 두 시간 정도를 할애할 계획이었다. 그가 오지 않더라도 두 시간 동안 자유인 것은 변함없다. 몸을 소파에 깊숙이 묻었다. 커피를 다 마셨는데도, 5시 20분밖에 되지 않았다. 카페 여 종업원을 부르는데 친구가 숨을 헐떡이며 카페로 들어왔다. 자전거를 타고 서둘러 오다가 타이어에 펑크가 나서 전화를 걸 시간도 없었다고 했다. 그의 모습을 보자 무척 반가웠다. 나는 신경질을 내지도 않고, 화를 내지도 않았다. 기분도 나쁘지 않았다. *나는 나만의 시간을 즐겼다. 그게 내가 할 일이었기 때문이다.*

들어주는 것만으로도 충분하다

집으로 가면서 다시 한 번 생각해보았다. 그가 진짜로 오지 않았다면 어땠을까? 그가 약속을 잊었다면? 사실은 내가 그에게 의미 없는 존재라고 생각했다면 어떻게 됐을까? 내가 할 일은 무엇일까? 그가 실수했으며 나에게 그렇게 해선 안 됐다고, 그리고 내가 마음 상하지 않도록 배려했어야 했다고 말해야 하나? 그렇게 할 필요는 없을 것이다. 그런 말을 한다는 것은 내가 그에게 의존한다는 의미다. 그런 생각을 하는 것만으로도 그에게 내 기분을 책임지라고 떠미는 것이나 다름없다. 이는 그 사람에게 대단히 부담스러운 일이며, 그로 인해 나는 작아지고 나약해질 것이다.

내가 그와의 관계를 계속 유지하고 싶은지 여부는 내가 그에게 어떤 의미인지와는 상관없다. *나는 내 일에 몰두하며, 내 힘을 유지하고, 스스로 판단하고 결정해야 한다. 나는 나 자신의 가장 친한 친구로서 나를 버리지 않아야 한다.* 친구들이 나를 외면하더라도 나는 언제나 내 곁에 있으며 내 편을 들고 내 욕구를 채우려고 노력해야 한다.

○

며칠 동안 진짜로 나와 상관있는 일만 생각하고 그에 몰두하면서 시간을 보냈다.

나는 타인을 도와주어도 안 되고, 지원해도 안 되며, 옆에 함께 있어줄 필요도 없다. 다른 사람들의 일로 인해 고민해도 안 되고, 조언을 해줄 필요도 없다. 그건 힘든 일이니까. 나 자신이 다른 사람을 돕거나 지원해주는 것을 좋아한다는 사실은 잘 안다. 하지만 그걸 중단한다면 마음이 가벼워지고 즐거워질 것이다. 그런데 그렇게 하면 매정하고 잔인하며 야비한 것일까? 대화를 할 때 할 얘기가 있을까?

천천히 생각해보았다. 고작해야 상대방의 의견을 받아들인다는 신호로 고개를 끄덕이거나 '흠' 하고 콧김을 내뿜거나 질문을 하는 방법 외에는 할 얘기가 없다. 좀 더 애쓰면 내가 체험한 일화를 들려주는 정도가 고작일 것이다.

그러나 내가 간섭을 적게 할수록 다른 사람들에게 동감할 가능성이 높아진다. 다른 사람들에게 무엇이 중요한지 전체적으로 파악할 여유와 시간이 생긴다. 나는 다른 사람을 이해했다는 느낌을 받으며, 상대방은 자신의 말을 이해해준 사람이 있음을 느낀다. 참으로 바람직한 일이며, 그것으로 충분하다.

불쾌한 감정을 가질 것인지의 여부는 나의 일이다

디자이너와 결론이 모호한 대화를 나누고 나서 집에 돌아온 날이었다. 현관문이 열려 있었다. 남편이 집에 있다는 신호다. 집에 와서도 그 일이 머릿속을 떠나지 않았다. 디자이너와 나는 의견 일치하지 않았다. 계획된 일에 차질이 생겼다는 느낌을 떨칠 수 없었다. 남편은 부엌에 있는 식기세척기에서 식기들을 꺼내고 있었다. 그의 뺨에 쪽 소리가 나도록 입을 맞췄다. 남편이 "별일 없었어?"라고 물었다. 그날 있었던 일을 남편에서 털어놓았다. 내 말을 들어줄 사람이 있다고 생각하니 몹시 기뻤다.

그런데, 남편이 정말 내 말을 경청했을까? 남편은 식기세척기에서 그릇들을 꺼내 선반으로 나르며 덜그럭거렸다. 도중에 뒤로 돌아서서 내게 눈길 한 번 주지 않았다. 단 1초도 나를 바라보지 않았다. 하던 얘기를 멈추었는데도 내게 고개를 돌리지 않았다. 분명 말을 중단한 걸 눈치챘을 텐데. 아닌가? 아냐, 그렇지 않다. 남편이 식기세척기에서 계속 접시를 꺼냈다. 의자에 앉으며 오늘은 정말 우스운 일들이 생긴 날이라고 생각했다.

이제 잠시 마음의 소리에 귀를 기울여야 할 시간이다. 지금 여기서 무슨 생각을 해야 하나? 남편이 내 말을 귀 기울여 들어야 하는 거 아닌가? 내가 지금 남편에게 원하는 게 바로 그건데. 가끔씩 대꾸하고 고개를 끄덕이고 나를 바라보아야 하는데……. 내가 기분이 울적한 것을 알아채고 식기 닦는 일을 중단한다면 더할 나위 없이 좋을 것 같다. 손을 잡아주고 함께 소파에 앉아 내 눈을 바라보며 다정한 목소리로 '얘기해봐.'라고 말해줄 수는 없나?

좋다. 다시 생각해보자. '남편이 내 말을 들어주어야 한다'라고 생각한다면 나는 누구의 일에 관여하는 것인가? 그 점에 대해 분명히 알 수 있다. 내 말에 경청할 건지를 판단하는 것은 그의 몫이다. 남편이 말을 듣고 싶은 의지가 없거나 그럴 상황이 아니라면 나는 다른 여러 가지 방법을 시도해볼 수 있다. 물구

나무서기, 소리 지르기, 펑펑 울기, 애원, 협박, 보상책 마련 등이다. 하지만 남편은 내 말에 귀 기울이지 않을 것이다. 남편의 마음이 움직이지 않는 한, 모든 것은 나의 희망 사항일 뿐이다. 그가 할 일을 간섭하는 건 분노를 불러일으킬 가능성이 있다. 그러면 결국 나의 희망 사항은 이루어지지 않는다. 또는 희망 없는 공허감을 야기할 것이다. '내가 하는 일은 하나같이 아무런 의미가 없다. 나는 원하는 것을 얻지 못할 것이다'라는 생각을 유발할 것이다.

'남편이 내 말을 경청해야 한다'라는 생각은 마치 요구 사항으로 느껴진다. 남편에게 그런 요구를 하는 건 뻔뻔한 짓이 아닐까? 그가 내 요구를 들어줄 상황이 아니라면?

탕 하고 식기세척기가 닫히는 소리가 들렸다. 소파에서 일어나서 남편에게 다가가 두 팔로 그를 감싸 안았다. '미안해. 내가 생각 없이 내 얘기만 했지.' 물론 마음속으로만 그렇게 중얼댈 뿐 말로 표현하지는 못했다. 살며시 남편을 올려다보았다. 여전히 남편에게 얘기하고 싶었다. 이제 어떻게 하면 좋지? 어떤 방법으로 내 얘기를 할까? 남편에게 물어보자. 두 팔을 풀고 남편을 바라보았다.

"여보, 할 얘기가 좀 있어. 내겐 중요한 일이야. 당신 잠깐 시간 있어?"

자, 남편의 반응은 어떨까? 내가 원하는 걸 얻을 수 있을까?

그런데 남편은 어깨를 들썩이더니 전등을 바라보며 할 일이 있다고 했다. 그는 얘기해보라는 말도 하지 않았고, 시간이 어느 정도 걸리는 얘기냐고 묻지도 않았다.

이제 내가 할 일은 무엇일까? *불쾌한 감정을 가질 것인지의 여부가 나의 일이다.* 난 아무런 결정도 내리지 못했다. 내가 바라는 건 불쾌한 감정이 아니기 때문이다. 나는 남편에게 이렇게 물었다.

"알았어, 지금 안되면 언제쯤 시간이 나?"

남편은 묻는 말에 아무런 대꾸도 없이 서재로 들어갔다.

내 일에만 전념하지 않았다면 남편의 뒤통수에다 대고 이렇게 외쳤을 것이다.

"내 말 좀 들어봐. 당신은 내 남편이야! 시간을 내서 내 얘기를 들어줘야 한다고!"

그러나 다행스럽게도 그렇게 하지 않았다. 서재의 방문이 굳게 닫혀 있었다. 남편은 분명 얘기를 듣고 싶지 않은 것이다. 나는 이렇게 생각했다. '괜찮아. 그래도 남편은 여기에 있다.'

나의 일이 아니므로
스트레스를 받을 필요가 없다

뒤바꾸기를 해보자. 내가 스트레스를 받는 이유는 '남편이 나의 이야기를 들어줘야 한다'고 생각하기 때문이다. 이것을 뒤바꾸기하면 다음과 같다. '내가 남편의 얘길 들어주어야 한다.'

그가 지금은 나에게 시간을 할애하고 싶은 마음이 없고, 그럴 형편이 아님을 내가 먼저 이해할 수도 있다. 이 같은 뒤바꾸기는 남편이 말을 들어주어야 한다는 희망 사항과 똑같이 정당화될 수 있다.

뒤바꾸기를 할 수 있는 방법이 더 있을까? '나는 내 말을 경청해야 한다.'

이런 상황에서는 차라리 내 말을 경청해 지금 나를 위해 도움이 되는 게 무엇인지 스스로에게 물어보는 것이 낫다. 어떻게 하면 내 말에 경청할 수 있을까?

차를 끓였다. 향기가 좋았다. 찻잔을 입으로 불면서 내 말에 귀를 기울였다. 그리고 디자이너와 회의를 하면서 재미있었던 일을 생각했다. 그런 생각을 하는 것이 내게 이롭다. 나 자신을 이해하려고 노력했다. 그렇게 하는 게 현실적이다.

남편이 내 말에 귀 기울이지 않고 청을 들어주지 않는다고 해서 싸울 필요는 없다. 남편에게 내 말을 들어주지 않는다고 열

번이라도 내 입장을 밝힐 수는 있다. 그것 역시 내가 할 수 있는 일 중 하나다. 물론 남편이 계속 내 말에 귀를 기울이지 않을 가능성도 다분하다. 그럴 경우엔 내 말을 들어줄 사람을 찾아보는 게 내가 할 일이다. 내게 어울릴 사람이 있나 둘러봐야 한다. 내가 그런 이를 찾을지 여부는 세 가지 일 전부와 관련 있다. 즉, 그것은 나의 일이자, 상대방의 일이며, 운명이 결정하는 일이다. 따라서 나는 오히려 마음이 가볍다. *나의 일이 아니므로 스트레스를 받을 필요가 없다.*

나는 내 일만 하면 된다

길을 걷다 젊은 여자를 뒤돌아보며 이런 생각을 한다. '세상에나, 다리가 저렇게 생긴 여자는 짧은 치마를 입으면 안 되는데!' 화를 내는 사람에게는 이렇게 말하고 싶다. '이봐요, 한번 웃어보세요!' 물론 대개의 경우 진짜 그렇게 말하지 못하고 머릿속으로만 생각할 뿐이다. 하지만 그런 조언을 생각함으로써 타인의 일에 주제넘게 참견한다. 그럴 때마다 기분이 좋지 않다. 비록 의도는 좋을지 몰라도 주제넘고 불손한 짓이다. 그러나 *내가 생각한 조언이 나를 위한 조언으로는 어떠한가?*

◯

　어느 날, 버스에 올라탔다. 그런데 버스 기사가 기분이 나쁜 것 같았다. 10유로짜리 지폐를 냈더니 거스름돈이 없다면서 잔돈을 준비해서 버스를 타야 한다고 나무랐다. 그는 나를 "아가씨"라고 부르며 아예 운전대에서 손을 떼더니 팔짱을 끼고 노려보았다. 버스 기사는 승객들이 전부 들으라는 듯 입을 삐죽거리면서 불평했다. 그는 잔돈으로 버스 요금을 치르지 못할 거면 내리라고 요구했고, 나는 오도 가도 못하는 처지가 되었다. 그 순간 머릿속을 스치는 생각이 있었다. '승객들을 태우고 운전해야 하는 버스 기사가 저렇게 불친절해서는 안 된다.'

　이 생각은 나 자신을 위한 조언일까? 물론 이런 상황에서는 불쾌할 수 있다. 그러나 *다른 사람의 기분이 나쁘다고 해서 나까지 기분이 나빠야 할 이유가 있을까? 나는 내 일만 하면 된다.* 버스 기사만 불쾌하면 된다. 그게 바람직한 일이다. 잔돈을 가지고 다녀야 하는 게 옳은지, 버스 기사가 거스름돈을 주어야 하는 게 옳은 건지를 놓고 말다툼하고 싶지는 않았다.

　그런 생각을 하자 머릿속이 맑아지면서 좋은 생각이 떠올랐다. 나는 버스에 탄 손님들에게 이렇게 외쳤다.

　"혹시 10유로 지폐를 바꾸어주실 분이 계신가요?"

　어느 승객이 10유로 지폐를 잔돈으로 바꾸어주었고, 버스 요금을 낼 수 있었다. 그러자 버스 기사가 투덜거리며 버스를 출발시켰다. 당연히 불쾌한 기분을 가질 필요가 없었다.

상대방의 이해 여부는 나의 일이 아니다

디자이너와의 의견 불일치를 해소하고 싶었다. 그래서 그와 커피를 한잔하기로 약속했다. 나의 희망 사항은 이러했다. '디자이너가 내 입장을 이해해야 한다.'

그가 내 생각을 이해하지 못한다는 건 서글픈 일이다. 심각한 정도는 아니지만 이미 그렇게 느꼈다. 난 이렇게 생각했다. '나를 제대로 이해시키지 못한 거야.' 그래서 다시 시도해보았지만 소용없었다. 10분 동안 쉬지 않고 내 생각을 얘기했으나 그는 여전히 이해하지 못했다. 오히려 내가 먼저 자신을 이해해야 한다고 말했다. 나는 그에게 뭐가 문제인지 다시 설명해달라고 부탁했다. 가만히 그의 말에 귀를 기울였고 내 논리를 정당화하거나 내 입장을 설명하지 않았다. 그는 새로운 표현법을 쓰면서 자신의 생각을 설명했다. 진지하게 그의 말을 경청했으나 도대체 뭐가 문제인지 이해할 수 없었다.

결론은 이렇다. 그는 나를 이해하지 못한다. 나도 디자이너를 이해하지 못한다. 우리는 서로 노력했으나 서로를 이해하지 못하며 자기 입장을 설명하느라 피곤하기만 했다. 이런 피곤한 상황에서 벗어날 방법이 있을까? 다음과 같이 뒤바꾸기해보자. '디자이너가 반드시 나를 이해해야 하는 건 아니다.'

그가 나를 이해하는 게 당연한 일이 아니라면 어떨까? 그런 생각을 하자마자 마음이 가벼워졌다. 이미 겪었듯, *나에 대한 상대방의 이해 여부는 내가 상관할 바가 아니다. 나를 이해하고 말고는 그가 알아서 할 일이다.* 나는 나름대로 노력했으며 이제는 현실적인 다른 해결책을 찾을 수 있게 되었다. 그도 우리가 서로 다르다는 것을 충분히 알았다. 우리는 편하게 악수를 나누었다.

내가 할 수 없는 일을 인정하라

누군가 묻지도 않고 내 집 앞을 청소해주는 것은 정말 피곤한 일이다. 먼지가 일어나 집 안으로 들어오니 창문을 닫아야 한다. 그렇게 되면 그가 내게 무슨 말을 해도 들을 수가 없다. 그리고 나는 청소가 언제 끝날지 문틈으로 바깥을 살펴야 한다. 게다가 마음에 들지 않게 청소했을 가능성이 커 결국 다시 빗자루를 들어야 할 것이다.

다른 사람들이 내 일에 간섭할 경우, 어떻게 해야 하나? 그들에게 어떤 식으로든 반응을 보이는 게 내가 할 일이다. *다른 사람들과 유대감을 느끼고 싶으면 그들을 존중해 그들의 일에 개입하지 말아야 한다. 어떤 일을 나 혼자 처리할 것인지는 내가 결정할 문제다.* 어느 빗자루를 선택해서 몇 분 동안 내 집 앞을 청소할지는 오직 내가 결정해야 한다.

○

어느 날 밤, 잠을 이루지 못하고 침대에서 뒤척이고 있었다. 잠을 이루려고 무척 애를 썼지만 소용이 없었다. 초원의 양들이 한 마리씩 다리를 건너는 공상을 해봤다. 네 마리, 다섯 마리, 여섯 마리……. 그래도 잠이 오지 않자 침대에서 내려와 창문을 열었다. 맑은 밤공기가 방 안으로 밀려 들어왔다. 다시 침대에 누워 이불을 입술 아래까지 덮었다. 심장 박동이 빨라졌다. 내가 무슨 생각을 하고 있는 거지?

지난 3주 동안 방심했던 허리 통증이 그날 오후 다시 찾아왔다. 그간 통증이란 게 저절로 없어지기도 하나 보다고 생각했다. 그런데 그날 오후에는 지금까지 느껴온 허리 통증과는 양상이 사뭇 달랐다. 이런저런 고민을 하다가 병원에 가봐야겠다고 마음먹었다.

걱정이 많아진 나는 MRI 검사를 받는 상상을 하기에 이르렀다. 흰색 가운을 입은 의료진 앞을 지나 복도를 따라가서 비좁은 방으로 들어가 옷을 벗고 MRI 검사를 한다. 검사를 마치고 진료실로 들어가면 의사들이 결과를 알려준다. 그런 상상을 하면서 허리 문제가 심각하리라 생각했다. 앞으로는 가벼운 경련이나 얼굴이 찡그려지는 통증 정도가 아닐 가능성도 있다. 허리 디스크일지도 모른다. 낮에는 그런 생각을 거의 하지 않았으며, 그래서 고민도 하지 않았다. 그런데 잠자리에 들어 무의식이 작동하면서 고민이 깊어졌다. 한밤중에 이르러서는 이 세상과 이별을 고할 준비를 해야 할지도 모른다는 생각까지 들었다. 물론 지금 당장 그런 사태가 벌어지진 않겠지만.

삶과 이별하는 날은 누가 결정하는가? 나 스스로 삶과 이별하는 특별한 경우에는 나 자신의 일이다. 물론 그러고 싶은 마음이 전혀 없다. 다른 경우는 어떨까? 나는 당연히 내 건강을 지키기 위해 뭐든 할 것이다. 자주는 못하지만 운동을 할 것이다. 담배는 오래전에 끊었다. 가끔은 장시간 잠을 자고, 건강에 좋은 음식을 자주 섭취한다. 그런 게 전부 내가 할 일이다. 하지만 평생 건강하게 살던 사람이 심각한 질병에 걸려 일찍 세상을 떠나는 경우도 얼마든지 있다. 건전한 생활 태도를 지키면 그런 위험은 최소화할 수 있다. 물론 치명적인 질병에 걸린다면 그건 어쩔 수 없지만 말이다. 내가 삶과 이별하는 날은 누가 결정하는가? 몇 가지 특별한 경우들을 제외하면 내 일이 아니며, 다른 사람의 일도 아니다. 생명이 다하는 시간은 운명이 결정한다.

시계를 보니 새벽 3시 반이 되어 있었다. 지금 내가 할 일이 있나? 현실적으로 이 순간 내가 할 일이라곤 허리 통증이 어느 정도인지 가늠해보는 것 외에는 없다. 어떤 가능성도 배제할 수 없는 상황에서 최악의 사태가 닥칠 수도 있다. 고통으로 잠을 이루지 못할 수도 있다. 물론 그 고통이 최악의 상황을 의미하지 않을 가능성도 있다. 병원에 가서 진찰을 받을 것인지, 간다면 언제 갈 것인지는 내가 판단해서 결정할 문제다. 의사에 대한 신뢰나 의사의 소견에 만족할지 여부, 그리고 다른 치료 방법을 찾아볼지 여부도 내가 결정할 일이다. 그 모든 게 내 손안에 있으며, 내가 결정하고 영향을 줄 수 있는 문제다. 하지만 내가 언제 죽을지는 내 능력 밖의 문제다. 어쩌면 다음 날 아침에 잠자리에서 일어나지 못할 수도 있다. 그렇다면 잠들지 말아야 하는 걸까? *내가 할 일은 피할 수 없는 죽음 앞에서 내 인생을 사는 것뿐이다. 그런 사실을 인정해야 한다.* 죽는 시간을 조종하는 건 절대 불가능하며, 내가 할 일도 아니다. 이제 마음이 가라앉았다. 마침내 두 눈을 꼭 감았고 잠이 몰려왔다.

그것 말고도 나를 위해 할
생산적인 일들이 많다

나는 다른 사람이 결정할 사소한 일에 참견하는 경우가 적지 않다. 신호등이 빨간불로 바뀌면서 붉은색 카브리오 한 대가 옆 차선에 멈춰 섰다. 차 안에서 흘러나오는 음악 소리가 귀청을 때렸다. 아마 수백 미터 밖에서도 들릴 것이다. 지나가는 사람들이 전부 다 그 차의 운전자를 쳐다보았다. '저 남자, 좋은 차를 탄다고 저렇게 자랑하면 안 되는데.' 하지만 뒤바꾸기를 해보면 '나도 저렇게 자랑하면 안 된다'가 된다. 그리고 그것이 내가 할 일이다.

　나는 그동안 다른 사람들에게 어떤 참견을 했나? 생각해보면 다음과 같다.

- 저 남자, 저렇게 종알거리면 안 되는데.
- 저 여자, 요가라도 하면 긴장이 풀릴 텐데.
- 저 여자, 노력을 더 하면 좋은 일자리를 잡을 텐데.
- 저 남자, 병원에 가봐야 할 텐데.
- 저 여자, 저런 삼류 소설 말고 좀 진지한 책을 읽지.
- 내 친구는 몹시 탐욕스러워.

조언이랍시고, 다른 사람 일에 간섭하지는 않았나? 그러자 실소를 금할 수 없었다. 다른 사람더러 이래라저래라 하다니, 정말 터무니없는 짓이다. 내가 그들보다 현명하다고 믿는 근거는 도대체 무엇인가? 그런 생각을 하면서 일종의 안도감을 갖는 것인지도 모른다.

우리가 잊지 말아야 할 것이 있다. *그것 말고도 나 자신을 위해 해야 할 생산적인 일들이 세상에는 너무나도 많다.*

↪ 최근 다른 사람들과 의견이 달랐던 적이 있는가? 대화 도중 서로를 이해하지 못해서 답답했던 적이 있으면 여기에 상황을 적어보자. 상대방이 당신을 꼭 이해할 필요가 있었나?

_____

_____

질문1   상대방이 당신의 생각을 이해해야 한다는 것이 진짜일까?

_____

_____

(사실이 아니라면 다음 질문으로 넘어가지 않아도 된다.)

질문 2   다시 한 번 생각해보자. 정말 진짜일까?

질문 3   상대방이 당신을 꼭 이해해야 한다고 생각할 때 내 마음 상태는?

질문 4 상대방이 당신을 꼭 이해해야 한다고 생각하지 않을 때 내 마음 상태는?

_____

_____

_____

_____

↪ 자, 이제 뒤바꾸기를 해보자. 당신을 괴롭히는 생각이 어떻게 바뀌었나?

_____

_____

_____

_____

_____

이성적으로
생각을 대하기

생각과 거리 두기

아침에 눈을 뜨자마자 생각이 밀려들었다. 잠에서 깨어난 직후, 달콤함에 젖어 있는 시간은 불과 2초 정도다. 곧바로 생각이 몰려온다. '냉장고에 우유가 남아 있나?'라는 생각을 하고, 또는 그날 예정된 온갖 일들을 생각한다. 전날 있었던 일들이 생각나기도 한다.

한겨울 아침 6시, 알람 소리에 잠에서 깬다. 실내 공기는 차갑고, 아직 어둠이 가시지 않았다. 머릿속으로 '누가 날 깨운 거야?' 또는 '왜 나만 일어나야 하지?' 등 쓸데없는 질문을 던진다. 고생하며 산다는 생각을 하면서 침대에서 일어나는 날도 있다. 침대 속에서 느껴지는 피곤함이 하루 종일 지속될 것 같기도 하다. 이런 생각을 하면 이불 속에서 나오기가 더욱더 힘들어진다.

그런 생각을 하면서 겨울날의 아침 시간을 보낸 적이 여러 번 있다. 아침 6시 알람이 계속 울렸지만 아직 동이 트지 않았고 실내 공기가 차가웠다. 삶이 힘겹다는 생각이 들었다. 위로해주는 사람도 없었고, 지치고 힘겨운 나날의 연속이었다.

하루 일과가 어떻게 진행될 지 아침 6시엔 알 수 없다. **스트레**

스를 주는 생각을 믿으면 기분이 좋지 않다. 스트레스를 주는 생각을 믿지 않으면 아침에 일어나기가 한결 수월하다.

○

이듬해 겨울날의 어느 아침 6시 알람이 울렸다. 눈을 가늘게 뜨고 어둠을 응시했다. 음울한 생각들이 떠올랐다. 그 음울한 생각들을 인지하고 침대에서 일어났다. 마음속의 음울한 생각들은 침실에 놔둔 채 화장실로 들어갔다. 샤워를 마치고 나자 피곤함이 사라졌다. 커피를 한 모금 마시자 머리가 상쾌해졌다.

그리고 며칠 후, 아침 6시 역시 알람이 꿈나라를 끝내라고 알려왔다. 눈을 뜨자 여느 때와 다름없이 사방이 어두웠다. 음울한 생각이 어슬렁어슬렁 다가왔다. 더 이상 그 생각들과 하나되고 싶지 않았다. *나는 생각하는 것과 거리를 두었다.* 머릿속에 떠도는 생각이 진실이라고 믿지 않았다. 실내를 환기시키기 위해 창문을 열었다. '너희들, 이제 나갈래?'라고 물으며, 열린 창문 틈으로 생각들을 쫓아냈다. 그러고 나서 즐거운 마음으로 샤워를 했다. 화장실에 들어서는 순간, 이미 기분이 상쾌해졌다.

나를 머리 아프게 하는 생각들로부터
멀어지는 방법

감정이 달라지는 것은 스스로 내 생각을 믿느냐 믿지 않느냐에 달려 있다. 스트레스를 주는 생각들을 믿지 않으면 그 생각들은 나에게 달라붙지 않고, 죄책감을 주지도 않는다. 그런 생각들은 나에게 아무런 영향을 미치지 않으며, 아무런 해악도 끼치지 않는다. 반대로 스트레스 주는 생각들을 믿으면 곧바로 괴로운 감정이 생긴다. 슬픔과 두려움, 분노, 상실감, 실망감 또는 고독감이 몰려온다. 내가 여기서 말하고 싶은 바는 스트레스를 가득 담은 생각이 전혀 옳지 않다는 것이다. 이제부터 나를 머리 아프게 하는 생각에서 멀어지는 방법을 알려주겠다.

첫 번째 방법은 **마음이 불편해질 때마다 생각을 면밀히 검토해 생각의 감옥으로부터 나 자신을 자유롭게 풀어주는 것이다.** 어떤 것을 안다는 것은 안정감을 준다. 약을 가지고 있는 편두통 환자처럼, 내 생각을 안다는 것은 복잡해질 때 벗어날 수 있는 보호 장치다. 머리에 아무 문제가 없더라도 통증을 완화해줄 약이 없거나 어디 두었는지 찾을 수 없다면 불안감을 느낄 가능성이 크다. 일단 어떤 증상이 느껴지면 사람은 두려움을 갖는다. 그 증상을 없애는 데 도움을 줄 무언가를 가지고 있지 않기 때문이다. 그러나 편두통 약이 집에 있으면 의지가 되므로 자신의 신체에 나타나는 작은 변화에 과민하게 반응하지 않는다. 다른 일에 전념할 수 있으며, 마음이 편안하다. *마치 약을 준비하듯 복잡해질 것을 대비해서 내 생각의 시초와 원인을 미리 알아두라.*

두 번째 방법은 머릿속에 떠올라 스트레스를 주는 온갖 생각들을 사실이라고 여기지 않는 것이다. 생각들을 뒤바꾸기하면 어떤 식으로든 스트레스를 주는 생각이 사실이 아니라는 것을 곧 알게 되거나 최소한 상대화된다.

생각은 붙잡지만 않으면 왔다가 다시 사라진다는 사실을 항상 기억하라. 머릿속에 떠오르는 생각을 무조건 신뢰하지 않으면, 인생이 한결 편해지고 가벼워진다.

나는 온종일 어떤 사안에 나만의 생각을 덧붙이곤 했다. 마음대로 해석하고 평가했으며, 나 자신에게 설명했다. 생각에서 몇 센티미터 떨어져 있고 싶었다. 특히 검증되지 않았으며 스트레스를 주는 생각에서 멀어지고 싶었다. 이런 주제와 아주 잘 어울리는 우화가 있다. 심리학자 파울 바츠라비크가 들려준 '망치 이야기'다.

어느 남자가 집 벽에 그림을 걸려고 했다. 그는 못은 있는데 망치가 없었다. 그래서 이웃집에 가서 망치를 빌리려고 했다. 그런데 이런 의심이 들었다.

'이웃집 남자가 망치를 빌려주지 않으면 어쩌지? 그 남자, 어제 나를 보고 건성으로 인사했잖아. 바쁜 일이 있었나? 아냐, 바쁘다는 건 핑계일 거야. 나한테 무슨 악감정이라도 있나? 어쩐다? 나는 그 사람에게 아무 짓도 하지 않았는데. 뭔가 착각했나? 누가 망치를 좀 빌려달라고 하면, 난 얼른 빌려줄 텐데. 그 남자는 그러지 않겠지?'

이 남자는 격한 감정에 빠져 이웃집으로 달려갔다. 그는 옆집 남자가 문을 열자마자 이렇게 외쳤다.

"이 못된 자식아, 망치 가지고 잘 먹고 잘 살아라."

이 남자는, 어느 날 문득 자신의 머릿속에 떠올랐던 생각이 공상에 불과하며 사실과는 거리가 멀다는 것을 깨닫고 큰 충격을 받을 것이다. 그가 생각을 붙잡지 않고 사실이라고 생각하지 않았다면 이런 일은 일어나지 않았을 것이다.

증명되지 않은 과도한 생각

신간 낭독 행사가 있어서 독일 남부 지방에 있는 어느 도시로 향했다. 행사가 있기 전 주 서점 사장이 내게 전화를 했다. 그날까지 낭독 행사 티켓이 여덟 장밖에 팔리지 않았지만 행사를 차질 없이 진행하고 싶다는 의사를 전해왔다.

나는 아무리 소규모 행사라도 참석해야겠다고 생각했으며, 즐거운 기분으로 임하기로 마음먹었다. 그러나 여덟 명 앞에서 낭독해본 적은 없어서 다소 의기소침해졌다. 서점 사장은 최종 참석 인원을 알려주지 않았다.

베를린에서 출발할 때 내가 디자인한 그림엽서들을 몇 개 챙겨왔다. 서점에 그것들을 진열해둘 생각이었다. 낭독 행사에 오는 사람이 많으면 반응이 좋을 것이라고 기대했다. 그런데 챙겨온 그림엽서들을 집으려다 잠시 주춤했다. 참석 인원이 많지 않은 데다 그들이 그림엽서까지 돈 주고 사지는 않을 거라는 생각이 들었다. 아직 만난 적 없는 서점 사장의 얼굴에 깊게 그림자가 드리워지는 것을 상상해보았다. 결국 호텔 객실에 그림엽서들을 두고 나왔다.

호텔을 빠져나와 아름다운 작은 도시의 거리를 걷기 시작했다. 다리 하나를 건너서 작은 골목길에 접어들었다. 서점에 도착해 출입문을 열고 안으로 들어섰다. 서점 사장이 반갑게 맞아주었다. 그녀에게 행사 참석 인원이 조금이라도 늘어났냐고 물었다. 그런데 서점 사장은 의아한 표정으로 잠시 나를 바라보았다. 그러더니 이렇게 외쳤다.

"루돌프 선생님, 티켓은 전부 다 팔렸어요."

잠시 후 사람들이 끊임없이 서점 안으로 몰려들었다. 그런 모습을 보자 마음이 뿌듯했다. 사람이 많이 와서 좌석이 가득 차 있는 것은 언제 봐도 기분 좋은 광경이다. 당연히 낭독 행사를 주최한 서점도 손해를 보지 않게 됐다. 그때 호텔에 두고 온 그림엽서가 생각났다. 아뿔싸! 내가 멍청한 짓을 했군!

왜 그랬을까? 소도시의 작은 서점에 온 독자들이 내 그림엽서를 거들떠보지도 않을 거라는 음울한 생각을 했기 때문이다.

낭독 행사가 끝나고 사람들은 집으로 돌아갔다. 나는 서점 주인과 담소를 나누면서 핸드폰에 저장해둔 그림엽서 사진을 보여주었다. 그러자 서점 주인은 "어머, 정말 예쁘군요. 그런데 이 엽서들을 가져오지 않았나요?"라고 물었다.

나는 "가져왔어요. 그런데 깜빡 잊고 호텔에 두고 왔어요"라고 대답했다. 결국 호텔 접수 데스크에 그림엽서들을 맡기고 돌아왔다. 지금쯤 그 작은 도시의 서점에는 내가 디자인한 그림엽서들이 진열되어 있을 것이다. 그 모습을 상상하면 마음이 흐뭇해진다.

증명도 되지 않은 과도한 생각은 나를 음울한 기분으로 몰아넣고 불필요한 상황을 만들어낸다. 그때 '여덟 명이어도 아무렴 어때? 여덟 명이 모두 나를 좋아해줄 거야, 혹은 여덟 명 말고도 더 올 사람이 있겠지'라고 긍정적인 생각을 했다면 그림엽서를 호텔 접수대에 맡기고, 서점 사장이 다시 찾아야 하는 수고로운 일이 생기지 않았을 것이다.

생각은 순간적인 것에 불과하다

집에 돌아와 낭독 행사 동영상을 페이스북에 올렸다. 그리고 나서 친구들이 그간 어떻게 지냈는지 살펴보았다. 다양한 피드가 올라와 있었다. 즐거운 시간을 보냈다는 인사는 물론, 정말 제대로 춤을 추며 놀았다는 글, 초대해주어서 고맙다는 내용도 있었다. 그런데 놀랍게도 글을 쓴 사람들은 모두 내가 아는 이들이었다. 그래서 나는 '도대체 무슨 파티였나요?'라는 글을 올렸다. 입력 키를 누르는 순간, 마음이 쓰렸다. 초대받지 못했기 때문이다. 물론 다들 모였다는 그날, 나는 참석할 수 있는 형편이 아니었다. 하지만 그들 가운데 누군가가 파티에 오라는 전화를 하지 않아서 섭섭했다. 왜 나만 아무것도 몰랐을까? 의문이 꼬리를 물고 일어났다. 의문의 맨 끝자리에는 이런 생각이 자리를 차지했다. '다들 나를 싫어하나 봐. 자기들끼리 파티를 하면서 내 생각은 하지 않았구나. 나만 빼고 저희들끼리 똘똘 뭉친 거야.'

　바람처럼 빠른 속도로 파티 주최자가 나를 초대하지 않은 이유를 찾아보았다. 최근에 파티를 주최한 친구를 만났을 때의 기억을 더듬어보았다. 내가 그 친구의 마음을 상하게 한 일이 있나? 아니면 무슨 실수를 했나? 내가 그 친구의 부탁을 들어주지 않았나? 나름대로 과거의 행적에서 초대하지 않은 원인이 될 만한 일을 찾아 뒤지자니 기분이 매우 울적했다. 하지만 그런 생각은 하지 않는 편이 바람직하다는 사실을 금방 깨달았다.

누군가 내게 고민을 털어놓으면 일단 마음속으로 그 사람과 일정한 거리를 둔 다음, 마음을 편하게 하고 나서 경청한다. 그렇게 거리를 두는 이유는 타인의 의견을 듣자마자 마음대로 단정을 짓지 않기 위해서다. 다른 사람의 고민 이야기를 귀 기울여 듣기는 하지만 판단은 유보한다. 그렇게 거리를 두는 게 고민을 털어놓는 사람에게 훨씬 보탬이 된다. *거리를 두면 반응 시간이 지체되어 마음을 편하게 가라앉히고 심호흡을 할 수 있으며, 상대방의 생각에 휩쓸려 들어가지 않는다.*

자, 이제 거리를 두고서 머릿속에서 일어난 생각을 살펴보자. '다들 나를 싫어하나 봐'라고 생각했었다. 나는 사람들과의 만남을 부정적으로 해석하는 게 그리 어렵지 않다는 사실을 깨달았다. 생각과 일정한 거리를 유지하면서 이렇게 자문해보았다.

내 생각이 정말 진짜일까?

모임에 초대받지 못한 다른 이유가 있을까? 다음 세 가지 예를 찾을 수 있다.

1. 어쩌면 나도 초대를 받았는데, 초대장을 확인하지 못한 건 아닌가? 초대장을 개별적으로 보내지 않고 누구나 보

게끔 페이스북에 올려놓았나?

2. 몇몇 친구가 자기들끼리 무슨 일을 하고 난 후에 모였나? 내가 거기에 참석하지 않아서 초대하지 않은 건가?

3. 내가 참석하지 못할 거라는 사실을 미리 알아서 초대하지 않았나?(물론 가능성이 전혀 없지는 않지만 내가 보기엔 희박하다.)

위의 세 가지 예는 내가 상상한 것에 불과하다. 이게 사실인지 지금으로선 알 방도가 없다. 이렇게 결심했다. *마음을 불편하게 한 이런 생각들이 100퍼센트 사실임이 밝혀지기 전까지는 긍정적으로 생각해도 된다. 그렇지 않은가?*

페이스북 위쪽으로 화면을 스크롤해보다가 마침내 모임 초대의 글을 찾아냈다. 아하! 1번이었구나. 스트레스를 주는 생각을 믿지 않은 게 천만다행이었다. 한 가지 더 있다. 왜 파티를 했는지 여덟 명이 내게 답변해주었다. '그들은 분명 나를 싫어하지 않는다.'

○

내 생각은 물론 타인의 생각 또한 믿지 말아야 한다. 다른 사람들의 견해를 무시한다거나 내 생각이 편파적이라는 뜻은 아니다. 우리의 생각이나 말은 순간적인 것에 불과하다. 인간의 생각보다 더 빨리 변하는 것은 없다. 한두 가지 정보를 얻기만 해도 생각은 이미 다른 방향으로 진로를 변경할 준비를 하고 있을 것이다. 시시 때때로 움직이는 생각에 나를 내어줄 필요는 없다.

일정한 거리를 두면
내 생각이 진실이 아님을 알 수 있다

요즘 들어 남편과 꽤 서먹서먹해졌다. 남들이 우리를 보면 부부가 위기를 맞았다고 여길 정도다. 남편에게 무슨 일이 있는지 알고 싶지만, 그는 요즘 통 말이 없다. 만일 남편이 나에게 속마음을 털어놓아야 한다고 생각하는데, 그가 아무 말도 하지 않는다면 남편의 침묵을 좋게 받아들일 수 없다.

남편 역시 부부 간에는 뭐든 속 시원히 얘기하는 게 바람직하다는 것을 알고 있다. 그래야 서로의 감정과 부부 간에 소중한 게 무엇인지 알 수 있으며, 다정한 관계를 다시 되찾을 수 있다. 물론 두 사람의 생각이 똑같아질 수는 없겠지만 남편이 계속 침묵을 지키면 나는 무시당한다고 느낄 수밖에 없다.

그러나 남편이 속마음을 털어놓아야 한다고 생각하지 않으면 그의 의중을 존중해줄 수 있을 것이다. 또한 남편을 독립된 인간으로서 사랑해줄 수 있을 것이다.

우리 부부가 처한 상황은 의사소통 연습이기도 하다. 나는 남편에게 그가 선택해서 침묵을 지키고 있으며, 그것은 나와 상관없는 일이라고 여러 차례 언급했다.

3일 동안 집을 비우게 됐다. 호텔에서 남편에게 사랑한다는 메시지를 보냈다. 밤마다 잠들기 전, 침대에 누워서 밤 인사를 보냈다. 아침 식사를 마치면 아침 인사를 보냈다. 오후에 핸드폰을 확인해보았지만 답신이 없었다. 다시 한 번 메시지를 보낼까? 아니면 남편이 쉬도록 그냥 내버려둘까? 망설여졌다. 밤까지 기다렸다가 남편에게 구체적인 질문을 보냈다. 남편에게 행동을 요구한 것이다. 그런데 읽은 것은 확인됐지만 다음 날 아침까지도 회신이 없었다. 이제 뒤바꾸기를 할 상황이다. '남편이 나에게 속마음을 털어놓아야 한다.'

이것은 진짜일까?

남편에게 답변이 없어 무척 불쾌하다는 메시지를 보냈다. 짤막한 회신도 보내지 못하는 무슨 사정이 있냐고 물었다. 한 시간 후, 답신이 왔다. 집에 돌아오면 자세히 설명해주겠다는 내용이었다.

기다리던 남편의 메시지를 받자 마음이 조금 안정됐다. 하지만 남편과 멀리 떨어져 있는 상황이다 보니 집에 돌아가는 다음 날 저녁까지 기다리는 게 무척이나 힘들겠다는 생각이 들었다. 그러면서 갑자기 온갖 잡생각이 머릿속으로 물밀듯 밀려들었다. '남편이 나와 헤어지려고 한다. 그는 이제 나를 원하지 않는다. 나보다 훨씬 좋은 여자를 찾았다. 나는 남편에게 해줄 게 없다.' 몹시 당황스러웠지만 그런 생각이 일어나는 걸 막으려고 애쓰지 않고 그냥 내버려두었다.

내가 느낀 두려움은 실체가 없는 것이었다. 전부 다 상상일 뿐이다. 머릿속에 들어온 상상에게 상냥한 태도로 인사하면서 이렇게 말했다. '이봐, 너희들은 도대체 어디서 나타났니?' 그러자 다들 한꺼번에 지껄이기 시작했다. 웃음이 나왔다. 나는 다시 물었다. '너희들 가운데 누구를 믿어야 할까?' 그러자 서로 아우성을 치며 떠드는 바람에 제대로 들리지 않았다.

남편의 입에서 무슨 말이 나올 지 다음 날 저녁까지 기다려 보기로 했다. 어쩌면 남편에게 나와는 아무 상관없는 일이 생긴 건 아닐까? 전혀 심각하게 여길 필요가 없는 일 아닐까?

스트레스를 받는 생각이 떠오를 때 그런 생각으로부터 한 발짝 뒤로 물러나보면 한결 기분이 좋아진다. 나는 스트레스가 심장을 파고들도록 내버려두지 않았다. 우리 집에 찾아온 손님이 더러운 구두를 신고 소파에 털썩 앉지 못하게 하는 것과 유사하다. 이렇게 *머릿속에 떠오르는 생각과 일정한 거리를 두면 생각이 전*

부 진실이 아님을 인식할 수 있다. 또한 여러 가지 다른 가능성도 있음을 깨달을 수 있다.

세 가지 다른 가능성을 머릿속에 그려보았다. 스트레스를 주는 생각이 수많은 가능성 가운데 아주 작은 일부분이라는 점을 인식하기 위한 시도였다.

남편이 도대체 무슨 문제로 고민하는 걸까? 나에게 아무 말도 꺼내지 못할 일이 진짜로 생긴 걸까? 그렇다면 그게 뭘까?

1. 남편은 직장 문제로 고민한 경우가 적지 않았다.
2. 건강에 문제가 생겼을 가능성도 있다.
3. 시댁에 무슨 문제가 생겨서 고민하고 있다.

무슨 일이 생겼으나 남편도 어떻게 해야 할지 방도를 찾지 못했을 수 있다. 사람이란 누구나 가끔씩 힘들 때가 있는 법으로, 나에게 얘기하고 싶지 않은 일일 수도 있다. 정확히 어떤 일인지 상황 파악을 하지 못한 건지도 모른다.

이런 여러 가지 가능성들은 파국으로 치달을 만한 문제는 아니다. 게다가 확인되지도 않은 것으로 나만의 상상일 뿐이다. 심각한 스트레스를 주는 생각에 사로잡히지 않도록 더 많은 가능성을 생각해보는 게 바람직하다.

○

집으로 가는 도중 무슨 일이 있을지 궁금증이 생겼을 뿐 불길한 느낌은 들지 않았다. 집에 도착해서도 딸아이가 잠들 때까지 참을성 있게 기다렸다가 와인 병을 땄다. 남편은 내가 생각지도 못했던 얘기를 꺼냈다.

남편은 나에게 애인이 생겼다고 생각했으며, 그 문제를 어떻게든 처리하려고 고민했다고 말했다. 남편은 최근에 내가 집을 비우는 일이 잦아 그렇게 생각했으며, 그에게 큰 스트레스를 준 그런 생각을 완전히 믿어버렸다. 그는 내가 집에서 멀리 떨어진 곳에서 보낸 메시지를 자신을 안심시키기 위한 책략이라고 해석했다. 내가 가끔씩 메시지를 보내 그를 안심하게 만들고 나쁜 짓을 했다고 생각했다.

남편의 논리는 더할 나위 없이 잘 다듬어졌으며, 그의 주장은 완벽하게 들어맞는 것 같았다. 그러다 보니 남편의 머릿속엔 다른 생각이 들어갈 여지가 없었다. 나 역시 염려했던 바를 얘기했다. 업무상의 일 때문에 어쩔 수 없이 집을 비웠던 것이라고 설명하면서, 상상했던 세 가지 시나리오를 전부 털어놓았다. 대화를 마친 우리 부부는 뜨겁게 포옹했다. 우린 와인 병을 다 비웠으며 둘이 함께 침대로 파고들었다.

타인의 평가에 휘둘리지 않는 법

대학을 두 군데나 다녔지만 나 자신이 지식인이라고는 생각하지 않는다. 하지만 세상에 존재하는 수많은 책에 담겨 있는 지식을 머릿속에 넣고 싶다. 물론 진부한 지식들만 습득하면서 살고 싶지는 않다.

최근에 스트레스받는 일이 발생했다. 다른 사람과 대화를 나누는 도중에 누군가 나를 향해 눈썹을 치켜세우며 못 믿겠다는 듯이 쳐다보고 "뭐라고요? 그것도 모르세요?"라며 거침없는 말을 쏟아부었다. 그런 말을 한 사람은 생명체가 원생액(原生液, 지구상에 생명을 발생시킨 유기물의 혼합 용액 – 옮긴이)에서 시작되었다는 이론을 설명하기 위해 깊이 숨을 들이마셨다. 내가 지식인이 아니라는 것이 부끄럽고, 창피했다.

그러나 '나 자신이 지식인이라고 생각하지 않는다'라는 생각을 기본적으로 믿지 않으면 어떨까? 상대방이 눈썹을 치켜세우고 한숨을 쉬고 신음 소릴 내도 상관없다. 상대방이 "뭐라고요? 그것도 모르세요?"라고 소리를 질러도 괜찮다. 급히 화장실에 가야겠다고 둘러대고 나갔다가 다시 돌아와서 대화의 주제를 바꾸어도 좋다. 스트레스를 주는 생각을 믿지 않으면 기분이 나쁠 리 없다. 상대방이 자기 생각대로, 자신이 하고 싶은 대로 내버려두면 내 기분이 상할 일은 없다. 우리가 이상적인 대화 파트너가 아니라고 생각하면 마음이 편하다.

여기서 뒤바꾸기를 해보자. 나는 비록 김나지움(인문계 중등학교 - 옮긴이)을 졸업하지 않았지만 대학을 두 군데나 다녔다. 책속에 들어 있는 온갖 지식을 다 알지 못하는 게 다행이라고 생각한다. 책만 읽었다면 케케묵은 지식들만 알게 될 가능성이 크다. 나는 학교에서 모범생이 아니었지만, 대신에 실생활에서 많은 체험을 했다. 여기저기 많이 돌아다녔으며, 독서도 많이 했고, 콘서트도 보러 다녔으며, 사진도 찍었다.

이제 아는 게 많지 않다는 다른 사람들의 평가는 신경 쓰이지 않는다. *나 자신에 대한 믿음을 갖고 꿋꿋하게 내 갈 길을 가는 것은 중요하다. 그러려면 나 자신을 사랑해야 한다.*

고통스러운 일을 고쳐 써보기

슬프고 고통스러운 지난 일이 아직도 생생해서 머릿속에 수시로 떠오르는가? 그렇다면 고쳐 쓰기를 해볼 수 있다. 다음과 같은 방법으로 실행해보자.

1단계, 당신을 고통스럽게 하는 이야기를 글로 쓴다.

2단계, 객관성을 유지하면서 쓴다. 당신은 거기서 무얼 얻었고 보았으며 배웠는가? 유용하고 실용적이 측면이 있는가?

이것을 하다보면 *어떠한 일이든 다른 측면을 내포하고 있으며 경험한 모든 것이 유용하고 의미가 있음을 알게 된다.*

○

우리 집 부엌 식탁에는 언제나 메모장이 놓여 있다. 볼펜도 한 자루 있다. 식사할 때 문득 떠오르는 생각이 있으며 곧바로 적어두기 위해 필기도구를 마련해놓은 것이다. 오늘은 메모지에 '엄마'라고 썼다. 일주일 전에 어머니에게 전화를 걸었다. 하지만 전화를 받지 않아서 자동 응답기 음성만 들었다. 연락을 달라는 메시지를 남기고 수화기를 내려놓았다. 그리고 사흘 뒤에 다시 전화를 했으나 역시 받지 않았다. 이번에는 다시 전화를 해달라고 독촉하는 메시지를 남겼다. 오늘도 어머니가 전화를 받지 않으면 좀 더 다급한 톤으로 전화를 해달라고 부탁해야 하나?

수화기를 들고 어머니 집 전화번호를 눌렀다. 이번에도 자동 응답기로 연결됐다. 연락이 없어서 걱정된다는 메시지를 남겼다. 어머니에게 무슨 일이 생겼다고 생각했다. 그러고는 무슨 일일까 마음속으로 상상했다. 어쩌면 어머니는 집에 있지만 전화를 받을 수 없는 피치 못할 일이 있을 거라고 생각했다.

나는 머릿속에 떠오른 불길한 생각을 믿지 않기로 마음먹었다. 그리고 내가 할 수 있는 일이 있었다. 여동생에게 전화를 해서 어머니의 소재를 아는지 물어보는 거다. 또는 어머니의 친구 분이나 이웃집 사람에게 전화를 걸어도 된다. 그렇게 하면 스트레스받는 생각을 하지 않고서 몇 시간 정도 마음을 가라앉히고 어머니의 소식을 기다릴 수 있다. 얼마 후, 여동생이 메시지의 답을 보내왔다. 어머니는 휴가 중이란다. 됐다!

내 생각을 믿지 않으면 걱정할 일이 없다. 끔찍하게 불길한 생각이 일어나는 경우에도 한 발짝 물러나 서서 이렇게 말할 수 있다. '아하! 이건 상상일 뿐이야' 또는 '아하! 이거 정말 끔찍한 상상이군!' 하고 말이다. *상상 이외에는 아무 일도 일어나지 않는다.*

↳ 당신을 잠들지 못하게 한 생각은 무엇인가?

_____

_____

_____

_____

질문1 당신을 괴롭히는 생각이 진짜일까?

_____

_____

_____

_____

(사실이 아니라면 다음 질문으로 넘어가지 않아도 된다.)

질문 2 다시 한 번 생각해보자. 정말 진짜일까?

_____

_____

_____

_____

질문 3 그런 생각을 할 때 내 마음 상태는?

_____

_____

_____

_____

그런 생각을 하지 않을 때 내 마음 상태는?

↪ 자, 이제 뒤바꾸기를 해보자. 당신을 괴롭히는 생각이 어
   떻게 바뀌었나?

Reverse
1

더 나아지려고
노력하지 말자

때론 그냥 내버려두는 게 최선이다

바이런 케이티는 저서 《사랑에 대한 네 가지 질문》에서 삶은 정말 아름다우며, 우린 그냥 안락의자에 앉아 편안하게 시간을 보내기만 하면 된다고 강조했다. 케이티는 '누군가 당신을 지상낙원에서 내쫓는다는 생각'이라는 소제목으로 다음과 같이 썼다.

> 이런 생각을 하지 않으면 당신은 지상낙원에 있는 것이다. 즉, 편안한 의자에 앉아 있는 거다…… 당신에게 부족한 게 있다고 믿으면 어떤 기분이 드는가? 즉, 현실에 불만이 있다면 불안감이 생긴다. 편안함을 추구하다 보면 오히려 불편함만 느끼게 마련이다. 사람들은 대부분 더 나아지려는 데 혈안이 되어 있어 자신이 지상낙원을 떠났음을 깨닫지 못한다. 사람들은 지금보다 더 나아질 수 있다고 믿는다.

무언가 더 해야 한다는 생각만으로도 마음은 불안해진다. 그런 결심을 하거나 해야 할 일을 리스트에 올리는 순간, 타인도 나에게 기대를 갖는다. 그렇다. 인간이란 저절로 발전해나가는 존재다. 멈추어 서 있는 일이 없으며, 늘 앞을 향해 더 빠르고 더 멀리 더 높이 전진해간다.

○

현재 노이쾰른에 인접한 베를린-크로이츠베르크에 거주하고 있다. 지난 여름, 이 지역에 자그마한 옷 가게 하나가 문을 열었다. 나는 그 가게가 오래 버티지 못할 거라고 생각했다. 그 가게의 쇼윈도에는 '나는 아무래도 상관없어요. 그냥 내버려둘 거예요'라는 문구를 새긴 티셔츠가 걸려 있었다. 그 티셔츠는 내 눈에 들지 않았다. 남편 역시 그 가게의 쇼윈도를 별로 마음에 들어하지 않을 거라고 생각했다. 그런데 남편이 그 티셔츠를 가리키며 이렇게 말했다.

"저게 마음에 들어."

그 쥐색 티셔츠의 어떤 점이 남편의 마음을 끌어당겼는지 도무지 이해할 수 없었다. 라운드 넥 스타일로 평범한 5유로짜리 싸구려 티셔츠와 다를 바 없어 보였다. 그런데 불과 몇 주 후에 보니 이 지역에 사는 사람들 세 사람 가운데 한 명은 그 티셔츠를 입고 다녔다. 그리고 그 티셔츠의 문구가 최신 유행어처럼 번져 신문 지면을 차지했으며, 여러 매체에서 같은 문구를 인용

했다.

　어느 날 저녁, 남편에게 그 티셔츠의 매력이 뭐냐고 물었다. 그러자 남편은 사회 심리적 측면에서 본 해설을 했다. 남편의 설명을 해석해보면, 지금처럼 빠른 속도와 완벽을 추구하는 사회에서 스트레스를 없애는 데 적당한 내용이라는 것이었다. 또한 뭐든지 다 발전할 수만은 없음을 강조하기에 알맞은 문구라고 했다. *때론 그냥 그대로 내버려두는 게 최선이며, 남는 시간에는 동네 카페에 앉아 커피를 마시거나, 햇볕을 즐기거나, 정신의 긴장감을 풀 수 있어야 한다는 것이다.* 요즘 사람들은 그렇게 보내는 시간이 눈에 띌 정도로 너무 짧다는 게 문제라고 했다.

어떻게 내버려둘 것인가?

지속적으로 발전해나가려는 노력은 사람을 지치게 만들거나 스트레스를 준다. 그러나 다른 한편, 위대한 작품은 지속적인 개선 과정과 끊임없는 노력을 통해 탄생한다. 일광욕만 즐기면서 살 수는 없다. 삶에서 무언가를 이루기 위한 노력은 꼭 필요하다.

　어떤 경우에 티셔츠의 문구처럼 무슨 일이든 그냥 내버려두는 게 의미가 있을까? 더 나은 방향을 모색하는 게 유익할 뿐 아니라 의미가 있는 경우는 언제인가?

머릿속을 스치는 한 사람이 있다. 그는 무슨 일이든 30번을 생각하고 나서야 결정을 내린다. 다른 사람들이 공부를 하거나 돈을 벌 때 양지바른 곳에서 햇볕을 즐겼다. 그는 5년 동안 두 자녀와 함께 집에만 있었다. 아이들이 유치원에 있는 시간에는 햇볕을 즐겼다. 그리고 아내가 그를 떠나고 난 뒤 이미 관계를 회복하기엔 늦은 상태에 이르러서야 노력을 했다. 5년간 낙담과 슬픔 속에서 아내를 되찾기 위해 허망한 노력을 지속했다. 그러다 결국 알코올중독에 빠지고 말았다.

나중에 그는 알코올중독을 극복했으나, 햇볕을 쬐는 일 외에는 할 일이 전혀 없었다. 그는 다시 온몸이 녹초가 되도록 노동청을 찾아다니면서 일자리를 알아보았으며, 실업수당 삭감에 항의하며 다툼을 벌였다. 그는 언제나 한 가지 위기를 넘기면 금세 다른 위기를 맞았다.

○

아는 사람들 가운데 중요한 문제들을 언제나 합리적으로 결정하는 사람이 있나? 시간과 장소를 절묘하게 맞춰 일을 처리하는 사람이 있나?

내가 아는 어느 부인은 이혼하고 나서 다음과 같은 방법으로 남편감을 물색했다. 부인은 마음을 열어놓고 즐거운 기분으로 남자들과 교제할 필요성을 느꼈다. 부인은 자신과 잘 어울리는 남자가 분명 있을 거라고 믿었다. 부인은 함께 있으면 마음이 편안한 남자와 남은 인생을 동행해야겠다고 결심했다. 그리고 얼마 지나지 않아 그런 남자는 백마 탄 왕자가 아니라는 현실을 알게 되었지만, 개의치 않기로 했다. 남편감을 찾는 일에 관한 한 부인의 원칙은 명확했다. 부인은 모든 것을 운명에 맡기기로 했다. 물론 왕자 같은 남자와 만날 것이라는 희망도 내려놓지 않았다.

부인은 자신의 원칙에 따라 남자들을 만나기 시작했다. 그리고 2년이 지났을 즈음 네 남자와 가까운 사이로 발전했다. 그들이 왕자가 아님을 확인하기까지 각각 3개월 정도가 걸렸다. 그들에게 측은한 마음이나 애매한 태도를 갖지 않았다. 그녀는 확실한 태도를 가지고 남자를 만났으며, 많이 노력했다. 하지만 다른 한편으로는 자신에게 중요하지 않다고 생각되는 일에는 사력을 다하지 않았다. 그녀는 자신의 삶을 개선하는 문제로 스트레스를 받지 않았다. 그러다 만난 다섯 번째 남자가 그녀의 왕자가 되었으며, 2년 전부터 그와 함께 살고 있다. 그녀는 느긋한 마음으로 자신의 삶을 개선하려고 노력했으며, 개선의 여지가 없다고 판단되는 경우엔 얼른 관계를 끊었다.

○

두 가지 경우 모두 일어나는 상황을 그냥 내버려두었다고 할 수 있다. 그러나 전자와 후자는 분명 다르다. *그냥 내버려두는 것과 자신의 삶을 개선하려고 노력하고자 하는 마음가짐으로 느긋하게 내버려두는 것에는 분명 차이가 있다.*

쓸데없는 일로
나를 힘들게 할 필요가 없다

그저 내버려두지 않아서 오히려 엉망이 되거나 전혀 발전을 이루지 못한 경우들이 있을까?

집 안을 휘 둘러보았다. 나는 3년 전부터 서재 방문에 페인트 칠을 하고 싶었다. 처음엔 좋은 아이디어라고 생각했다. 난 집 구석구석을 직접 손보고 고치는 걸 좋아한다. 방문에 새로 페인트를 칠하는 일 역시 재미있다. 그런데 마음먹고 이 일을 하지 못하고 있었다. 나 자신에게 이런 말을 했다. '내가 하고 싶은 일인데 못할 이유가 없지.'

할 일의 우선순위를 정리했다. 그런데 우선순위에는 방문에 페인트 칠하기가 없었다. 지난 2년간 방문에 신경 쓰지 못했다는 생각이 들어 약간 침울했다. 시간 분배를 잘 못하며 산다는 생각도 들었다. 그리고 곧 온종일 일에 파묻혀 지내고 있다는 생각이 몰려왔다.

그렇다면 어떻게 해야 하나? 책상으로 가서 스케줄 노트를 꺼냈다. 리스트에서 방문에 페인트 칠하기를 삭제했다. 이제 해야 할 일 하나가 줄어들었다. 그러자 곧바로 마음이 가벼워졌다. 리스트에서 두 가지 항목을 더 지우자 마음이 한결 더 편안해졌다. 일을 좀 더 명확하게 처리하기 위해 계획표를 새로 작성했다. 그렇게 하고 나니 할 일이 일목요연하게 정리되었고, 할 일이 끔찍하게 많다는 느낌도 사라졌다. 그간 계획표상에 할 일이 너무 많다 보니 잠잘 시간도 없었고, 늘 허겁지겁 바쁘게 움직여야 했으며, 긴장을 풀지 못했다. 그런데 내가 새로 작성한 계획표는 무척 간단해 보였다. 충분히 실행 가능해 보였으며, 그래서 압박감이나 긴장감도 생기지 않았다. 바꾼 게 많지 않지만 기분이 한결 가벼워졌다.

이제야 제대로 된 것이다. 방문에 페인트를 칠하는 것보다 더 중요한 일들이 많다. 글 쓰기, 딸아이의 학교 숙제 봐주기, 사람들과 수다 떨기, 늦잠 자기, 친구 만나기 또는 남편과 시간을 보내는 일 등이 훨씬 더 중요하다.

쓸데없는 것으로 나를 힘들게 할 필요는 없다. 나에게 중요한 것과 그렇지 않은 것을 구분하면 머리 아프게 만들었던 일로부터 해방될 수 있다. 간단히 그렇게 될 수 있다. 내가 원치 않으면 아무것도 하지 않아야 한다. 내가 진정 하고 싶으면 그때 하면 된

다. 내가 원할 때 일을 하면 충분히 행복을 느낄 수 있다.

지금 가지고 있는 것에 만족하면
게을러지는가?

사람이 자기가 소유한 물건에 만족하는 게 가능할까? 일이 많아 바쁜 시간이면 책상 의자에 몸을 기대고 앉아 이런 생각을 해본다. '살 물건이 많지 않으면 바쁘게 일하느라 법석을 떨 필요도 없지 않은가! 많은 돈을 벌 필요도 없으니 일을 많이 하지 않아도 될 텐데.' 그런 생각이 들 때마다 은행 통장 계좌를 확인하고 나서 주문한 물건들을 취소한다. 이는 마치 대청소를 하는 것과 흡사하다. 필요 없는 물건들을 전부 다 버리는 것이다. 그러고 나면 대체로 마음이 가벼워진다.

그러나 한편으로는 '지금 가진 것에 만족하면 게을러지지 않을까? 삶이 수동적으로 되고 활력을 잃지는 않을까? 고삐를 늦추면서 조만간 다리 밑에 정박하지 않을까?'라는 생각에 마음이 불안해졌다. 뒤바꾸기를 해보기로 했다.

지금 가지고 있는 것에 만족하면 정말로 게을러지는가?

숨을 고르면서 답변이 오기를 기다렸다. 생각나는 모든 순간, 내가 만족했던 모든 순간이 감미롭게 느껴졌다. 조금도 활력이 없지 않았다. 나는 완벽하게 만족해본 적이 없으며, 1~2주 정도만 만족감을 유지했다. 나의 대답은 이렇다. '아니다. 만족감이 나를 태만하게 만들지는 않는다. 만족감은 나를 편안하게 만든다. 이건 약간 다르다.' 다음을 질문을 계속했다.

지금 가지고 있는 것에 만족하면 게을러진다고 믿을 때 내 마음 상태는?

원목 스툴에 잠시 앉았다. 그런 생각을 하면 만족감이 두려워지기 시작한다. '……라면 ……이다'라는 식의 문장들은 가능성을 숨긴다. 미래에 어떤 문제들이 발생할 것이라고 생각했고 그에 대한 증거를 찾았다. 그러나 미래에 대한 두려움은 비생산적인 생각이다. 그리고 비생산적인 생각은 할 필요가 전혀 없다.

그런 생각을 하지 않을 때 내 마음 상태는?

여유 있는 마음으로 그런 생각이 없을 때는 어떤 느낌일지 생각해보았다. 그리고 길게 숨을 내쉬었다. 그러자 마음이 차츰 가벼워지면서 시야가 더욱 넓어지는 듯했다. 여러 가지 복잡한 생각을 하다가 다시 현실로 돌아온 느낌이었다. 비로소 거실에 앉아 있는 나를 지각할 수 있었다. 서두르지 않고 기다렸다. 그러자 만족감이 느껴졌다. 그런 만족감은 나를 나태하게 만들지 않을 것이다. 나를 괴롭히던 생각을 뒤바꾸기하면 다음과 같다.

'현재 가지고 있는 것에 만족하면 태만해지지 않을 것이다.'

근거를 찾을 수 있을까? 현재 가지고 있는 것에 완벽하게 만족했으며 그로 인해 태만해지지 않은 적이 있었나?

1. 손으로 직접 만든 첫 번째 그림엽서에 상당히 만족한 나는 엽서를 부지런히 보내거나 증정했으며 서점에 가져다주었다. 태만할 겨를이 없었으며 열정이 불타올랐다.

2. 지난 3년간 서재에는 아무런 변화가 없었다. 나는 서재에 불만이 없었으며 내게 이런 집이 있다는 사실에 늘 감사하면서 살았다.

3. 올해는 은행 계좌의 잔액이 일정한 금액을 밑돌지 않았다. 통장을 볼 때마다 만족감을 느꼈으며 그렇다고 해서 나태해지지 않았다. 변함없이 일을 했고 계획을 세웠으며, 글 쓰기와 새로운 아이디어를 메모하는 일을 그만두지 않았다.

오히려 불만족은 체력을 소모시키며, 나를 나태하게 만든다.

이런 사실을 아는 게 좋다.

○

　바로 지금 이 순간에 만족할 수 있다면 어떤가? 필기도구, 내가 앉은 스툴, 방 안의 공기, 옆에 놓인 물 잔에 만족한다면? 더할 나위 없이 좋을 것이다. 완벽하지 않은 것, 생각이나 기대치에 일치하지 않는 것들에 대해서도 만족할 수 있다면 어떤가? 예를 들어, 건강 상태가 좋지 않거나, 다음 주부터 시작되는 세미나의 신청자가 많지 않다면? 또는 이달의 은행 계좌 잔액이 예상을 밑도는 수준이라면? 그런 상황에도 만족한다면 마음이 편해진다. 바로 지금 만사가 있는 그대로 유지된다.

　숨을 깊이 들이마신 후 다시 내쉬었다. 그러자 몸이 편안해졌다. 그것은 바꿀 게 아무것도 없다는 의미가 아니다. 나의 행동, 나의 손짓 하나하나가 내 삶의 무엇인가를 바꾼다. 부족한 점이 있다는 느낌이 무엇인가를 바꾸지는 않는다. *삶은 기본적인 만족감에 의해 바뀐다. 내가 진정 원하면서 기쁨을 느낄 때마다 순간순간 바뀐다.*

행복의 조건

이틀 뒤 평소 잘 알고 지내는 지인의 가게를 들렀다. 이 가게의 여주인은 1년 전 베를린에서 장식품 가게를 열었다. 그녀는 나를 보자 반가워했다. 장사가 잘되냐고 안부를 물었다. 그런데 그녀의 안색이 좋지 않았다. 장사가 잘 안된다면서 이대로 가다가는 가게를 닫아야 할 판이라고 하소연했다. 그녀는 장사가 잘 되지 않는 이유를 자세히 설명하면서 사는 게 힘들다고 탄식했다.

보통 이런 경우에 나는 희망을 줄 아이디어를 생각해낸다. 만일 이런 상황에서 아무런 도움을 주고 싶은 생각도 들지 않으면 어떻게 해야 할까? 또는 그녀가 도움을 요청하지 않는다면?

가게에 새로 들여놓은 물건들에게 시선을 던지면서 그녀의 얘기에 귀 기울였다. 나는 그녀가 혼자서도 잘해내리라고 생각했다. 그것을 믿기로 했다. 또한 지금의 상태로도 충분히 행복할 수 있음을 스스로 알게 되는 게 그녀에게 훨씬 이로울 것이라고 생각했다.

잠시 후, 그녀의 가게를 나오려고 몸을 돌렸다. 그 순간 그녀는 이렇게 말했다.

"아, 얘기를 좀 더 들으셔야 하는데……."

그때 언젠가 우연히 엿들은 재미있는 이야기 한 토막이 떠올랐다. 나는 그녀에게 재미있는 얘기를 들어보겠냐고 물었다. 그녀가 고개를 끄덕이자 이야기를 시작했다.

"어느 어부가 호숫가 다리 위에 앉아 있었대요. 호수 수면 위에 햇볕이 가득 비치는 날이었어요. 어부는 낚시대를 던지고 나서 수면 위를 가만히 바라보고 있었어요. 마침 그곳을 여행하던 사업가가 먼발치에서 어부를 보았지요.

사업가는 어부에게 다가가 말을 걸었어요. 사업가는 오늘 잡은 물고기의 수와 날씨를 물어보았어요. 어부의 대답을 들은 사업가는 어부에게 낚싯대 세 개를 동시에 던지면 더 많은 물고기를 잡을 거라고 조언해주었지요. 그러자 어부는 고개를 갸우뚱하면서 왜 그렇게 해야 하냐고 반문했어요.

사업가는 물고기를 많이 잡으면 시장에 내다 팔 수 있다고 했지요. 그 말을 들은 어부는 '물고기를 시장에 내다 팔아서 뭐하게요?'라고 재차 물었어요. 그러자 사업가는 '그렇게 하면 돈을 많이 벌게 되고, 그러면 당신은 멋진 배를 살 수 있답니다. 그리고 좋은 배가 있으면 그걸 타고 호수에 나갈 수 있잖아요'라고 말했어요.

어부는 호수를 바라보며 다시 물었어요. '그런 다음엔 뭘 하죠?' 어부의 질문에 사업가는 이렇게 대답했어요. '배를 타고 호수 가운데로 나가면 분명 물고기를 더 많이 잡을 수 있을 겁니다. 그러면 사람을 고용할 수 있어요. 언젠가는 당신이 직접 물

고기를 잡으러 호수에 나오지 않아도 될 겁니다.'

그러자 어부는 '아, 그거 참 괜찮은 생각이군요' 하더니 '그다음엔 어떻게 되죠?'라고 다시 물었습니다. 사업가는 만족스러운 표정으로 이렇게 대답했어요. '하루 종일 햇볕을 쬐면서 쉴 수 있지요.'

어부는 이렇게 대꾸했답니다. '저, 지금 그렇게 하고 있습니다.'"

그녀가 큰 소리로 웃더니 이렇게 말했다.

"그 얘기 언젠가 들어본 적 있어요. 하루 종일 햇볕을 쬐면서 행복하게 사는 사람 이야기지요. 저도 가게를 닫게 되면 그렇게 살고 싶어요."

그런 말을 하는 여주인의 표정이 몹시 어두웠다. 그녀에게 이렇게 물었다.

"만사가 뜻대로 되지 않아도 행복할 수 있다는 생각을 해보셨어요?"

그녀는 그런 건 생각하지 못했다는 표정으로 나를 바라보았다. 나는 이렇게 말했다.

"이곳 실내에는 햇빛이 들지 않지만, 그 점을 제외하고는 없는 게 없군요."

그러자 그녀가 이렇게 물었다.

"온갖 일이 다 엉망이고 미래가 불확실한데 어떻게 행복할 수 있죠? 저는 그렇게 안돼요. 당신은 가능한가요?"

"물론 저도 항상 그렇지는 못해요. 하지만 대개의 경우는 그렇답니다."

그러자 그녀는 도무지 믿을 수 없다는 듯한 목소리로 반문했다.

"어떻게 그럴 수 있어요?"

나는 이렇게 설명했다.

"그냥 자연스럽게 그렇게 되는 날도 있어요. 아무 이유도 없지요. 그냥 그러고 싶으니까요. 인생을 즐기고 싶고, 아름답게 살고 싶으니까요. 행복한 순간이 내게 찾아올 때까지 기다려야 할 이유는 없잖아요. 만사가 아주 순조롭게 진행되어야만 행복하다면 행복한 순간이 많을 리 없잖아요.

행복해지기 위해서는 이런저런 게 필요하다는 조건을 달지 않아야 해요. 그리고 행복한 순간을 뒤로 미루지 말아야 하고요. 돈이 더 많아지고 미래가 지금보다 더 안전해야 행복해질 수 있을 거라는 생각은 하지 말아야 해요. 어쩌면 그런 날은 절대 오지 않을 수도 있어요. 또는 열심히 노력하면 나중에 햇볕을 즐길 수 있다,라는 식의 사고방식은 갖지 말아야 해요."

그러자 그녀가 고백했다.

"맞아요. 나는 원하는 것을 모두 달성하고 개선하고 나서야 인생을 제대로 즐길 수 있다고 생각했어요. 지난 20년 동안 그렇게 살았어요. 그리고 행복은 오지 않았어요. 만족스러울 만큼 충분한 상황은 절대 오지 않나 봐요."

그녀는 생각에 잠긴 듯한 얼굴이었지만, 표정은 아까보다 훨씬 밝았다.

○

나는 계속 말을 이었다.

"*행복해질 수 있는 근거가 필요하다는 불안한 생각이 들더라도 그런 불안감에 정복되지 않을 무언가를 찾아야 해요. 그렇지 않으면 행복감은 늘 위아래로 심하게 요동칠 거예요.*"

그녀의 얼굴에 엷은 미소가 번졌다.

"불안감에 굴복되지 않게 해주는 그게 무엇일까요?"

"어쩌면 평범한 얘기처럼 들릴지도 모르지만, 저는 살아 있으며 아침마다 눈을 뜬다는 사실이 정말 기뻐요. 아무 생각 없이 하는 말이 아니에요. 제 친구 중에는 벌써 죽은 이도 있어요. 젊어서 죽었지요. 하지만 저는 지금 이렇게 살아 있잖아요. 저는 숨을 쉴 수 있고, 먹을 음식이 있어서 행복해요. 게다가 극심한 통증이 있는 심각한 질병도 없어요."

그녀가 다시 고개를 끄덕였다.

"*어떤 일이 마음먹은 대로 풀리지 않는 날도 있어요. 그게 진정*

한 삶이라고 생각해요. 지금 현재의 상황이 진정한 삶이지요. 저는 마음대로 몸을 움직일 수 있어요. 머리가 가려우면 긁고, 밤에는 와인을 한 잔 마시고, 사람들을 만나 대화를 나누고, 책을 읽기도 하고, 바람을 쐬기도 한답니다. 저는 더 이상 필요한 게 없어요."

그녀가 큰 소리로 웃음을 터뜨리더니 손사래를 치며 말했다.

"맞는 얘기예요. 세상엔 행복을 느낄 만한 일이 참 많지요. 세상일을 다 그렇게만 본다면 이 문제투성이 가게는 아무것도 아닐 거예요."

그녀의 얼굴이 많이 밝아졌다.

"이런 생각을 하는 사람들이 있어요. '난 절대 행복해질 수 없다.' 이 생각을 뒤바꾸기하면 '나는 어떤 상황에서도 행복할 수 있다'이지요. 당신의 일상생활에서 그런 사례를 찾으면 세상을 바라보는 관점이 바뀔 겁니다. 당신이 처한 상황은 언제나 비슷하지요. 문제가 있는 상황에 초점을 두지 말고, 당신 주변에 늘 있으며 인지할 가치가 있는 멋진 것에 초점을 맞춰보세요. 그러면 금세 기분이 좋아질 거예요. 그렇게 기분이 좋아지면 문제가 있는 일의 해결 방안도 쉽게 찾을 수 있어요."

그녀는 차분히 마음을 가라앉히고 생각해봐야겠다고 말했다. 어쨌거나 그녀는 아까보다 경쾌해진 것처럼 보였다. 가게를 나온 나는 가던 길을 계속 걸었다.

잠시 시간을 내, 비록 하는 일마다 다 잘되지는 않아도 지금
당장 행복해질 수 있는 이유를 세 가지만 찾아보자.

1. _____

2. _____

3. _____

그런 사례들이 더 떠오르는가? 훌륭하다! 그것을 아래에 적
어보자.

4. _____

5. _____

6. _____

있는 그대로 그냥 내버려두는 연습

오늘은 글을 쓰다 말고 어느 날부터인가 그리기 시작한 스케치
를 물끄러미 내려다보았다. 그리다 말고 책상 위에 놓아둔 스케
치였다. 그 스케치가 얼른 완성되기를 바라지만 그게 언제가 될
지는 알지 못한다. 그리고 그 스케치를 마치면 곧바로 시작하게
될 다른 스케치나 다른 미완성 스케치가 그 자리에 놓일 것이
다. 그런데 이것을 보면서 약간의 압박감이 느껴졌다. 이 느낌의

정체는 도대체 무엇일까?

곰곰이 생각해보니 어떤 일을 완벽하게 해내야 한다는 신념이 마치 불사신처럼 내 안에 자리 잡고 있음을 알게 되었다. 나는 일 욕심이 많은 편이었다. 그리고 늘 발전과 향상이 있도록 나 자신을 부추겼다. 내가 그린 스케치를 다시 내려다본 순간, 행복감이 아닌 스트레스가 몰려왔다. 머릿속에는 1년에 한 권씩 책을 내야 한다는 결심이 자리 잡고 있었다. 그리고 하루에 한 시간씩 운동을 하고, 한두 시간에 걸쳐 개별 상담을 하고, 한 달에 그림엽서 삽화 다섯 개를 그려야 한다고 생각했다. 또한 가족을 돌보며, 저녁에는 콧노래를 부르면서 식사 준비를 하고, 전화벨이 울리면 부리나케 달려가야 한다고 생각했다. 그뿐만이 아니다. 일상생활 속에서 무슨 일이 발생할지 모르니 언제나 마음의 준비를 하며, 그런 가운데 소파에 앉아 새로운 아이디어를 짜내야 한다고 생각했다. 그리고 매달 베스트셀러 소설을 한 권씩 읽으며, 저녁마다 친구들과 어울려 식사를 하면서 수다를 떠는 게 가능하다고 생각했다. 그것도 아주 마음 편하게, 그리고 자유롭게. 그런데 현실은 어떠한가?

1년에 한 권씩 책을 쓰는 건 사실이다. 그런데 책을 쓰는 데 필요한 사전 계획은 대개 1년 전쯤에 세우며 탈고를 하고 나면 편집 과정이 이어진다. 탈고와 편집 과정 사이에 휴식 시간을 갖는다. 따라서 이 기간에는 글을 쓰지 않는 경우가 많다.

운동은 대개 이틀에 한 번꼴로 30분 정도 한다. 사흘에 한 번 하는 경우도 적지 않다. 개별 상담의 경우, 한 달에 10번 이상 하기는 힘들다. 하루에 두 건은 거의 불가능하다. 그림엽서 삽화의 경우, 어느 정도 시간이 소요되는 일인지 어림잡기도 어렵다. 시간적 여유가 있을 때 하는 작업이다. 물론 시간 여유가 생기는 날은 드물다. 바쁘게 살다 보면 지치기 마련이고, 따라서 베스트셀러 소설은 1년에 두 권 정도밖에 읽지 못한다. 그리고 친구들을 만나 함께 식사하는 경우는 한 달에 한 번 정도밖에 안된다.

현실은 그러하다. 그것마저도 잘되지 않을 거라고 믿지 않아야, 일상을 즐길 수 있다. 그러나 나는 편안한 자세로 책상에 앉아 맛 좋은 커피를 마시면서도 머릿속으로는 채찍을 휘두른다. '어서!' '더 빨리해!' '더 많이 해!'

○

내가 하는 작업에 만족한다면 어떨까? 더 이상 조바심이 나지 않을 것이다. 호흡을 길게 한 번 했다. 나 자신을 더 좋게 개량하려는 노력을 하지 않아도 된다면? 현재의 나보다 더 현명해질 필요가 없을까? 지금보다 더 멋진 여성, 의식 있고 사랑스러운 여자가 될 필요가 없을까? 그런 생각을 하며 편하게 호흡했다.

나는 나 자신을 속이는 일을 포기하기로 했다. 그냥 본래의 나 자신으로 있기로 했다. 그게 좋겠다. 그냥 있는 그대로 내버려 두자.

관념적인 생각을 따르지 말자. 현실 속에서 느껴지는 게 진짜 다. 바로 지금, 그리고 여기에서.

하루도 빠짐없이 나 자신과 세상을 개선하기 위해 노력할 필 요는 없다. 그런 생각이 엄습해온다면, 행복과는 거리가 멀어지 는 것이다! 개선해야 한다고 믿는 것이 압박감을 주거나 스트레스 를 주면, 그게 무엇이든 오래 가지 못한다. 아무런 개선도 이루어 지지 않는다. 그렇다면 나도 베를린에서 유행한 티셔츠를 입고 이렇게 말할 수 있다.

"나는 아무래도 상관없어요. 그냥 내버려둘 거예요."

↪ 당신은 지금 어떤 것이 불만족스러워서 노력하고 있는가? 무엇이 더 나아지길 원하는가?

_____

_____

_____

질문1   더 나아지면 만족할 수 있다는 생각이 진짜일까?

_____

_____

_____

(사실이 아니라면 다음 질문으로 넘어가지 않아도 된다.)

질문 2　다시 한 번 생각해보자. 정말 진짜일까?

_____

_____

_____

_____

질문 3　더 나아지면 만족할 수 있다는 생각을 할 때 내 마음
상태는?

_____

_____

_____

_____

더 나아지면 만족할 수 있다는 생각을 하지 않을 때
내 마음 상태는?

_____

_____

_____

_____

↪ 자, 이제 뒤바꾸기를 해보자. 당신을 괴롭히는 생각이 어
떻게 바뀌었나?

_____

_____

_____

_____

_____

Reverse

평가하지 말고
받아들이기

평가를 내리지 않으면 어떨까?

인간은 어떤 대상을 평가하지 않고는 못 배긴다. 카페에 앉아 있는데, 앞에 탁자가 눈에 띄었다. 한쪽으로 기울어져서 바꿔야 할 것 같았다. 나는 탁자에 대해 나름대로 평가를 내리고 카페를 나왔다.

잠시 후 장을 보러 슈퍼마켓에 갔다. 많은 공간을 과자와 사탕이 차지하고 있었다. 유기농 식품들도 부족해 보였다. 전체적으로 개선이 필요하다고 생각했다.

사람들은 저마다 일정한 견해를 갖고 있다. 그것은 긴장감을 불러오며, 저항감을 일으키고, 분석하게 만든다. 또한 무엇인가를 바꾸고 싶은 생각을 하게 하고, 불만을 불러오고, 다른 사람들에게 자신의 의견을 일깨워주고 싶게 한다.

시계를 보았다. 30분 정도 여유가 있었다. 슈퍼마켓을 나와 다시 카페로 되돌아갔다. 내가 앉았던 자리가 그대로 비어 있었다. 의자에 앉아 다시 테이블을 살펴보았다. 테이블에 대해 평가하지 않고 앉아 있으면 어떤 기분이 들까?

처음엔 별 생각이 들지 않았다. 나는 카페 의자에 앉아 있고,

앞에는 테이블이 놓여 있을 뿐이었다. 테이블 색깔을 눈여겨보 았다. 터키옥 색이었다. 목재 테이블 표면에 깔깔한 부분이 있어 서 손으로 위를 쓸어보았다. 니스 칠이 떨어져 나간 자리에 손 을 얹었다. 그리고 집게손가락으로 그 부분을 가만히 훑었다. 그 러자 작은 나무 조각이 뚝 잘렸다. 손을 뗐다. 아무런 판단도 하 지 않고 가만히 테이블을 바라보기만 했다. 그러자 마음이 편안 해졌다. 테이블을 교체해야 한다는 생각도 들지 않았다. 아까는 어떤 생각을 했는지 떠올려보았다. 테이블 상태가 형편없다는 판단을 내렸으며, 이 카페 주인은 손님들의 편의는 안중에도 없 는 사람이라고 생각했다.

이런 판단을 내리지 않으면 어떤가?

아까와 모든 게 동일한 상황이다. 생각이 달라졌을 뿐이다. 테이블과 카페 그리고 카페 운영자에 대해 판단하지 않으니 정 신이 한결 자유로워진 느낌이었다. 시야가 넓어지고, 더 많은 걸 감지했으며, 이 세상이 비좁지 않다는 생각이 들었다. 판단하지 않고 받아들이면 내가 여기에 앉고 싶어하는지 감지할 수 있다. 이런 결정을 하면 나는 내 일에만 몰두할 수 있다.

삶이란 물처럼 흘러간다. 나도 함께 흘러간다. 타인에게 거부감 을 주거나 충돌하거나 붙잡거나 변화를 바라거나 내 맘대로 판단

을 내릴 필요가 없다. 그렇게 하면 마음이 편안하다.

나는 이 세상의 일부에 불과하며, 결정을 내리는 위치에 있지 않다

아까 왔을 때 주문을 받고 있던 젊은 여자가 무엇을 마실 거냐고 물었다. 그녀를 올려다보았다. 그녀 얼굴에 난 주근깨가 보였다. 아까는 전혀 보지 못했다. 카페에 대한 편협한 생각이 내 눈을 가렸던 것이다. "아뇨, 괜찮아요"라고 말한 뒤 자리에서 일어났다.

카페를 나와 발걸음을 옮기다가 오른편에 있는 주택으로 시선을 돌렸다. 그리고 그 자리에 멈춰 섰다. 주관적으로 판단하지 않고 이 집을 바라보면 어떨까? 생각을 갖지 않고 이 집을 바라본다면? 머릿속을 텅 비우고 사물을 바라보는 거다. 그렇게 하는 건 두렵고, 마음이 다소 편하지 않을 수도 있다.

바람이 머리칼을 훑고 지나갔다. 집 앞에 서 있는 수양버들이 하느작거렸다. 구급차 한 대가 사이렌을 울리며 급하게 지나갔다. 사이렌 소리에 거리의 다른 소음들은 전부 묻힐 것 같았다.

세상의 온갖 색깔도, 사람들이 가진 다양한 취미들도 동등한 권리를 가졌다. 어느 것이 옳은 건지 결정 내리면 안 된다. 나는 이

세상의 일부에 불과하며 결정을 내리는 위치에 있지 않다. 나는 세상의 일부로서 세상 어느 것과도 뗄 수 없는 관계다.

○

다시 발걸음을 옮겼다. 거리에는 사람들이 많았다. 천천히 길을 걸으며 평소에 길을 걸을 때는 무슨 생각을 했는지 헤아려보았다.

평소에는 주위를 지나쳐가는 관광객들과 외국인들을 생각하는 경우가 많았다. 그들은 매력적으로 보이기도 했지만, 우스꽝스러워 보이기도 했으며, 친절한 태도가 부족해 보이기도 했다.

그런 생각들이 전부 안 좋은 영향을 미치는 건 아니다. 하지만 이런 평가를 내리지 않으면 어떨까?

길을 따라 계속 걸었다. 나를 추월해서 지나가는 사람들, 앞에서 나를 향해 걸어오는 사람들이 있었다. 자전거들이 쌩쌩 소리를 내며 옆을 지나가기도 했다. 평가하지 않으면 그냥 사람들만 보인다. 사람들은 각자 자기 일에 전념하며 살아간다. 나도 그러한 사람 가운데 하나일 뿐이다. 비록 이곳 거리에 아는 사람은 없지만 우린 모두 똑같은 사람이다. 평가하지 않으면 이들 가운데 눈에 띄는 사람은 없다. 나를 다른 사람들과 구분하는 생각에 이성을 몰두하지 않는다. 그리하여 머릿속은 마치 휴가를 얻은 것처럼 가볍고 자유롭다.

자신에게 터무니없는 평가를 내리지 않기

그간 내가 잘못 판단한 게 무엇일까? 다른 사람들의 평가에 따르면, 나는 어린 시절에 굼뜨고 게으르고 시끄러웠다고 한다. 게다가 한쪽 면만 바라보고 융통성이 없을 뿐 아니라, 까다롭기까지 했다. 청소년기에는 태도가 경솔하고 무분별하고 거만했으며, 괴상하기까지 했다. 막 성인이 되어서는 나이에 비해 순진하지만 따뜻하지 못하고, 세상에 대해 개방적이지 못하다는 소리를 들었다.

어느덧 46살이 된 나는 여전히 사람들과 거리를 두고, 지나치게 고지식하고, 남들보다 유리한 위치에 서려고 한다. 또한 지나치게 완벽을 추구하며, 매력적이지 못한 모습을 보일 때가 많고, 냉정하고, 시야가 좁다.

하루 빨리 이런 모습을 버리고 싶다. 그런데 나는 다른 사람들에게도 그와 비슷한 평가를 하지 않았을까? 마치 타인의 잘못을 찾아내고 분석해서 알려주는 게 내가 해야 마땅한 일인 것처럼 말이다.

그건 일종의 습관인 듯하다. 나를 나 자신과 분리하고, 다른 사람들과 분리하는 습관이다. 모순과 차이점, 분열을 강조하는 습관이다. 또한 '당신이 틀렸어. 조심해! 당신에게 문제가 있는 거야'라고 경고하는 습관이다. 그러나 타인을 평가하는 것은 마음을 불편하게 하고 고통을 준다. 나에게 다음과 같은 질문을 던졌다.

타인을 평가하지 않으면 어떨까?

평가가 정말 필요하지 않은가? 평가를 하지 않으면 나의 개성을 잃게 되지 않을까? 혼란스럽지 않을까? 평가를 내리고 분류하지 않는다면 그게 어디 사람인가? 세상의 사물에 대해 나만의 생각을 갖지 못한다면 먼지에 불과하지 않겠는가? 평가라는 게 유용성이 없는가? 평가를 포기하면 위험한 일이 생길 가능성이 있지 않을까? 굉음을 내면서 달려오는 자동차를 위험으로 간주하지 않고 나를 덮치게 그냥 놔둔다? 극심한 두통을 통증으로 판단하지 않고 병원을 가지 않는다? 거리를 활보하는 폭력배를 공격적인 사람으로 분류하지 않고 사고를 치게 그냥 내버려두어도 되는가? 정말로 세상을 그렇게 내버려두면 무슨 일이 벌어질까?

생각을 멈추었다. 위의 내용들은 하나같이 걱정이 너무 많다. **평가하지 않고 받아들이는 게 혼란을 가져올지는 미리 헤아릴 수 없다.**

○

　나는 사물과 인간에 대해 평가하지 않고 관찰하는 게 어떤 것인지 이미 체험했다. 그러자 기분이 상당히 좋았다. 나 자신 역시 오래전부터 남들에게 아무런 선입관 없이 보여지기를 바라는, 간절한 마음을 품어온 것도 깨달았다. '다른 사람들이 나에 대해 터무니없는 평가를 내리지 않기를 바란다.'

　하지만 현실은 희망대로 돌아가지 않는다. 나 역시 다르지 않다. 수년 동안 얻고자 했으면서도 결국 손에 넣지 못한 것을 끊임없이 바란다면, 늘 불행하게 살 가능성이 크다. 그러면 좌절하게 되고, 화를 가라앉히지 못하며, 의심만 늘어날 것이다. 그런 삶을 살고 싶지 않으면 다음과 같이 뒤바꾸기를 시도해보자. '나 자신이 나에 대해 터무니없는 평가를 내리지 않기를 바란다.'

　나 스스로를 위해 그렇게 할 수 있을까? 그걸 시작할 수 있을까? 지금 당장 시작하면 어떨까?

　지금, 나는 부엌에 서 있다. 부엌에서 무얼 깨달을 수 있을까? 식탁 옆에 서서 부엌 찬장을 바라보았다.

　이 상황에서 나 자신을 판단하면, '너 여기서 뭐하니? 좀 더 바람직한 일을 할 수는 없겠니? 빈둥거리며 쓸데없이 시간을 보내고 있구나. 저런, 저런! 그렇게 하면 되는 일이 없을 것이다!'라는 모습으로 평가 내릴 수 있다. 그와 더불어 나 자신을 비난

할지도 모른다. 그리하여 그릇된 행동을 하고 신경을 쓸 일이 불어날지도 모른다.

나 자신에 대해 터무니없는 평가를 내리지 않으면 어떨까?

식탁 옆에 서서 생각에 잠긴 채 부엌 찬장을 바라보았다. 비어 있는 찬장의 모습만 눈에 들어왔다. 마음이 편안했다. 그리고 부엌에 서 있는 나, 생각에 잠긴 나, 그리고 다시 일을 하고 싶어 하는 나를 발견했다. 몸에 긴장이 풀렸으며, 정신은 활발하게 돌아가고, 자유로웠으며, 더 이상 머리가 아프지 않았다. 다시 일을 하기 위해 서둘러 서재로 발걸음을 옮겼다.

자신에게 회초리를 휘두를 필요가 없다

오늘은 딸아이가 혼자서 집에 돌아왔다. 그래서 평소보다 30분 더 일할 수 있었다. 평상시보다 조금 더 일할 수 있다는 생각에 마음이 뿌듯했다. 그런데 딸아이가 현관문에 열쇠를 꽂는 소리가 들렸다. 순간 깜짝 놀랐다. 뭐야, 벌써 돌아올 시간이 된 거야? 30분이 이렇게 짧은가? 오늘 계획했던 일을 다 마친 거야? 깊은 심호흡을 한 번 하고 나서 돌아온 딸을 두 팔로 안아주었다.

"우리 딸, 안녕. 오늘 학교에서 재미있었니? 배고프지?"

딸아이는 내 품으로 파고들었다. 우리는 잠시 소파에 앉아 있었다. 딸아이는 일어나더니 목이 마르다면서 부엌으로 달려 갔다.

오늘 어느 정도 분량의 일을 했는지 평가하지 않으면 어떨까? 지금 이 공간과 시간으로부터 벗어나지 않기 위해서 그런 생각을 했다. 전체적으로 판단해보니 30분 정도 일을 더해야 할 일이 마무리될 것 같았다. 딸이 잠자리에 들면 남은 일을 끝맺기로 결심했다. 그렇게 하면 된다. 더 이상 평가할 필요가 없으며, 나에게 회초리를 휘두를 필요도 없다. 그런 것으로는 아무것도 이루지 못한다.

아직까지 왜 다하지 못했냐고 평가했으면 나를 나무라는 마음만 생겼을 것이다. 기분이 언짢고 마음이 긴장된 상태에서는 좋은 성과를 낼 수 없다. 창의성이 떨어지며, 좋은 해결책도 찾지 못한다.

하루 일과를 아직 다 마치지 못했음을 알았다. 그러나 해결책을 찾아냈으며 평가는 하지 않았다.

'나 자신에 대해 나쁘게 평가하지 않는다.' 이것은 다른 사람들이 나에 대해 나쁘게 평가하지 않기를 바라는 마음을 뒤바꾸기한 것이다. *나 자신에 대해 부정적으로 평가하지 않으면 자족감*

이 느껴진다. 아무 이유 없이 기분이 좋아진다. 인생에서 가장 중요한 사람인 나 자신이 내 편을 들기만 한다면 다른 사람들의 생각이 나를 짓밟지 못한다. 뒤바꾸기를 한 번 더 해보자. '나는 다른 사람에 대해 나쁘게 평가하고 싶지 않다.'

○

다음 날부터 마주하는 사물들을 그냥 바라보기만 했다. 그러자 기분이 한층 좋아졌다. 그간 평가하느라 정말로 많은 시간과 에너지를 소비하지 않았나!

아침마다 이런 생각을 했다. '오늘은 날씨가 좋을까? 나쁠까? 오늘은 어떤 옷을 입어야 어울릴까? 오늘은 더 피곤하지 않을까? 학교에 지각하면 딸에게 좋지 않을 것이다. 학교 가는 길에 좀 더 평화로운 풍경이 있어야 할 텐데. 내가 할 수 있는 일이 없을까? 매일같이 버스 정류장에 누워 있는 노숙자를 보게 되네. 버스 정류장에서 누워 있는 건 옳지 않아.'

그러나 이제는 평가하지 않고 창가에 서서 비가 내리는 모습 또는 햇빛이 비치는 광경을 바라본다. 아무 옷이나 입고, 오늘 피곤하지 않을까 미리 짐작하지도 않는다. 굉음을 내며 달려오는 자동차는 당연히 피하고 싶다. 그러나 그런 순간은 금세 끝난다. 혼자서 욕하지도 않고, 화를 풀기 위해 만나는 사람에게 하소연하지도 않는다.

나의 음지를 평가하지 말고
받아들이기

영상 편집 회사에 전화를 걸었다. 분량이 긴 비디오 영상을 15분으로 줄여달라고 요청한 뒤였다. 몹시 기대했으며, 어서 그 비디오를 내 홈페이지에 올리고 싶었다. 협의한 기한은 그저께까지였다.

　그러나 전화를 받은 사람은 내용을 알지 못한다며, 전화를 다시 주겠다고 말했다. 화를 꾹 참고서 내용을 잘 아는 직원과 통화하겠다고 말했다. 그는 "잠깐만요"라고 말했다. 전화기에서 통화 대기음이 들렸다. 기다리면서 전화기에서 흘러나오는 음악 소리를 들었다. 그런 상태가 수 분 동안 계속됐다. '이 사람들이 고객을 뭘로 보는 거야?'

　오후에 다시 전화를 걸었다. 이번에도 내용을 전혀 모르는 남자가 전화를 받았다. 그에게 영상을 그저께까지 보내주기로 했다며, 보고 싶다고 요구했다. 그러자 그가 "어느 프로젝트를 말씀하시는 건가요?"라고 물었다. 나는 주문 번호를 알려주었다. 그는 "잠깐만요"라고 말했다. 이번에도 전화기에서 통화 대기음이 들렸다. 다시 수 분이 지난 후, 나는 전화기를 던져버렸다. 또 다시 깊게 심호흡해야 했다. 무척 기분이 나빴다. 하던 일이 전혀 즐겁지 않았다. 화가 난 상태에서 아주 분명하게 느꼈다. 이런 상태에서 상대방을 평가하게 된다면 어떻게 될까? '전화받는 그 남자, 좀 친절한 태도로 고객을 대해야 하지 않을까? 아마 추어군! 고객들에게 이따위로 서비스하면 회사가 망할 거야.'

이런 생각을 하면 곧바로 분노가 치밀어오를 뿐만 아니라, 그들의 일에 끼어드는 거나 마찬가지다. 또한 머릿속은 혼란에 빠질 것이다.

다시 전화를 걸었다. 그가 또 전화를 받았다. 그는 이렇게 말했다.

"비디오는 이미 완성되었습니다. 선생님께 벌써 보내드렸습니다."

"아, 언제요?"

그러자 그가 "잠시만요"라고 말했다. 나는 다시 통화 대기음이 들릴까 봐 두려웠다. 전화기 너머로 달그락거리는 소리가 들렸다. 키보드를 치는 소리였다. 남자가 다시 전화기를 들었다.

"어제 보냈습니다."

"흠, 저는 받지 못했는데요"

서로 상대방의 메일 주소를 확인한 뒤, 스팸 메일함까지 열어보았으나 메일은 들어오지 않았다. 화를 꾹 참고 침착하게 말을 이어나갔다.

"다시 한 번 보내주시겠어요?"

"알겠습니다. 좋은 하루 보내십시오."

나는 곧 동영상 파일이 도착할 것이라 생각하여 컴퓨터 앞을 떠나지 않았다. 그러나 시간이 흘러도 메일이 도착하지 않았다. 3분이 지나고, 10분이 지났지만 도착하지 않았다. 30분이 지나고도 동영상 파일은 도착하지 않았다.

저녁 무렵에 컴퓨터를 다시 확인해보니 메일이 와 있었다. 이미 감정이 상해버렸지만, 동영상 파일이 도착한 것을 확인하자 기분이 좋아진 나는 용서해주기로 했다. 얼른 플레이 버튼을 클릭했다. 그런데 영상이 느닷없이 멈추고 목소리가 이따금 작게 들렸다. 그리고 길이가 15분이 아니라 20분이었으며, 끝부분에 신기로 한 내 연락처가 빠져 있었다. 오전에 느꼈던 불쾌감이 다시 일어났다. 그 느낌이 분명해질 때까지 잠시 책상 앞에 앉아 있었다. 불쾌감을 가라앉히고 메일을 썼다. 오류 내용을 조목조목 적었으며 주문을 취소한다는 내용도 썼다.

메일을 보낸 지 1분 만에 답장이 왔다. 그러나 메일을 열지 않았다. 컴퓨터를 끄고, 동영상 파일 문제는 내일로 미루기로 했다.

○

다음 날 아침에도 이런 회사와 동영상 만드는 일을 계속하고 싶다는 생각은 들지 않았다. 이틀 후 친구에게 동영상 편집 회사를 소개해달라고 부탁했다.

그러자 친구가 이렇게 물었다.

"왜 바꾸려고 하는데? 지금 거래하는 회사와 무슨 문제 있어?"

나는 그날 있었던 일을 전부 털어놓았다. 말을 다 들은 친구가 얘기했다.

"의사소통에 문제가 있었던 거 아냐? 그 분야는 네가 전문가 잖아!"

약간 당황스러웠다. 내가 더 노력했어야 한단 소리인가? 내 탓에 그 회사와 문제가 생겼단 말인가? 그러자 마치 나에게 책임이 있는 듯한 기분이 들었다. '나는 의사소통 코치다!' 이 말이 의미하는 바는 모든 어려운 상황을 유연하게 처리해야 한다는 뜻인가? 그런 생각을 하자 머리가 아팠다.

나 자신을 평가하는 생각이 없으면 어떨까?

나는 동영상 편집 회사가 고객의 주문대로 일을 하지 못했다고 생각했다. 그래서 몹시 불쾌했으며, 주문을 취소한다고 통보했다. 나는 주장을 거두지 않았으며, 그들의 생각을 들어보지 않왔고, 그러고 싶은 마음도 없다.

　나는 타인에게 상당히 가혹하고 완고한 구석이 있어서 다른 사람을 이해하고 싶은 마음이 없을 때가 있다. 그러나 이것은 내가 의사소통 코치인 것과 별개의 문제다. 그저 나의 한 면일 뿐이다. 내 행동에 어떠한 평가도 내리지 않았다. 나 자신을 어떤 유형이라고 분류하지도 않았다. 평가하지 않으면 마음이 편하다. 나의 음지를 부인하지 않으며, 나의 음지를 좋게 얘기하지도 않고, 본래의 나대로 행동한다. *평가를 내리지 않으면 음지는 음지가 아니며, 그냥 나의 한 면일 뿐이다.* 나는 잘못한 것이 없으며 잘한 것도 없다. 그러므로 굳이 나의 한 면을 고치려고 애쓰지 않아도 된다.

평가를 내리는 건
당신을 오진하는 것이다

메일로 상담을 요청한 어느 부인과 개별 면담을 했다. 그녀는 메일에서 '루돌프 부인, 그런데 주의해주세요. 제가 우울증이 있거든요!'라고 나에게 사전 정보를 알렸다. 개별 상담을 하는 작은 공간으로 부인이 들어왔다. 부인과 함께 부인에게 압박감을 주는 신념이 무언지 찾아보았다.

부인에게 물었다.

"부인께서 우울증이 있다는 게 사실인가요?"

부인이 약간 놀란 표정을 지으며 대답했다.

"그렇지요."

"정말로, 100퍼센트, 우울증이 있다고 확신하시나요?"

그러자 부인이 소파에 몸을 묻으며 입을 다물었다. 1분이 지났다. 그리고 다시 2분, 3분 시간이 흘렀지만 부인은 말이 없었다. 그러다 천천히 몸을 일으키면서 입을 열었다.

"그건 의사도 내게 물어본 거예요. 어느 유명한 의사가 그렇게 물었어요. 혈액 상태나 MRI 검사도 하지 않고 말로 묻기만 했어요."

부인이 소파에서 뒤척거리면서 말을 이었다.

"나는 정말 우울증이 있다고 믿어요."

"네, 알겠습니다."

그렇게 부인을 말을 받아주고 나서 다시 물었다.

"우울증이 있다는 생각이 들 때, 부인은 어떤 반응을 보이나요?"

부인은 가슴에 손을 얹으며 말을 이었다.

"어떤 일에도 기분이 몹시 좋지 않아요. 그게 바로 우울증의 징조이지요. 하루에 100번씩 나 자신에게 말했어요. '정말 기분이 좋지 않구나. 내가 우울증이 있는 거야.' 그런 생각이 드는 건 대개 사소한 일 때문이에요. 예를 들어, 슈퍼마켓에서 계산할 때 줄을 서서 기다려야 하잖아요. 앞으로 나아가지 못하고 한참 기다려야 하지요. 그럴 때면 도무지 못 참겠어요. 그런데 다른 사람들은 꿋꿋하게 줄을 서서 기다리고 있어요. 그런 모습을 보면 또 이런 생각이 들어요. '참을성이 없는 게 우울증 증세가 있다는 증거다.' 즉, 제가 보이는 반응이 정상이 아닌 것 같아요."

부인은 그밖에도 여러 가지 유사한 예를 들어 자신에게 우울증이 있다고 주장했다. 그녀는 자신의 증세에 대한 믿음이 자기 존재를 표명하는 데 상당히 방해된다고 생각했다. 그와 더불어 불쾌한 감정이 고착화되었다.

부인에게 네 번째 질문을 했다.

"그런 생각을 하지 않을 때는 어떤가요? 우울증이 있다는 생각을 하지 않고 줄을 서서 기다릴 때는 어떤 느낌이 드나요?"

부인이 팔을 뻗으면서 숨을 내쉬고 나서 말을 이었다.

"아마 그렇더라도 참지 못할 거예요……."

부인이 다른 말을 꺼내지 않을까 하는 생각에 잠시 기다려보았다. 부인이 내 눈치를 슬쩍 보면서 물었다.

"제가 우울증 증세가 아닌가 봐요. 아니면……?"

부인의 생각을 뒤바꾸기하면 '나는 우울증 증세가 없다'가 될 것이다. 부인에게 '나는 우울증 증세가 없다'가 진실이 될 수 있는 예를 세 가지만 찾아보라고 주문했다.

"그게, 우선 저에게 우울증 징후가 있다는 확실한 증거는 없어요. 우울증의 특징 몇 가지만 나타났을 뿐이에요. 재미있는 영화를 보거나 책을 읽거나 내 일에 전념할 때는 우울하지 않습니다. 그러니까⋯⋯."

부인이 말을 계속했다.

"우울증이 있다고 생각하지 않는 순간에는 우울하지 않아요."

부인은 자기가 참을성이 없다고 확신했다. 자신감도 없으며, 너무 자주 다른 사람의 의견에 고개를 끄덕인다고 했다. 그리고 자신에겐 이루지 못한 꿈이 있다고 했다. 그녀를 화나게 만드는 건 견고하게 굳어버린 자신의 행동 방식이다. 그런데 우울증이라고? 아니다.

의사가 "당신은 우울증입니다"라는 진단을 내리면 처음에는 도움이 될지도 모른다. 그렇게 말해주면 그들의 감정에 정당성을 줄 것이다. 어디 아프냐는 질문을 받을 때면 다른 사람에게 대꾸할 말이 있어서 도움이 될지도 모른다.

그러나 부인의 사례는 평가와 분류 또는 상위 개념이 어떤 방해 작용을 하는지 명확하게 설명해준다.

평가하는 데 우선순위를 두지 마라

희망 사항이 하나 더 있다. 다음과 같다. '다른 사람이 호의를 가지고 나를 평가하지 않았으면 좋겠다.'

처음엔 좀 이상하게 들릴 수도 있는 문장이지만 여러분이 정확하게 읽었다. 사람들에게 긍정적으로 평가해달라고 하는 게 정상 아닌가?

나는 수년 전에 유명한 남자 배우가 주인공으로 캐스팅된 어린이용 영화에서 작은 역할을 맡아 출연한 적이 있다. 내가 행운을 잡았다고 말한 사람도 있었다. 남자 배우가 나를 두고 '총명한 동료 여배우가 바로 내 옆에 있네', '연기를 참 잘했어', '오호, 주목할 만한 배우군'이라며 칭찬했기 때문이다. 그런데 이런 칭찬이 전혀 기쁘지 않았다. 왜일까?

칭찬도 평가다. 따라서 언제든 정반대의 평가를 받을 가능성이 있다. '총명하다'라는 말은 언제든 '멍청하다'로 바뀔 가능성이 있다. '매우 어리석은', '얼빠진' 또는 '총명하지 못한'으로 바뀔 수 있다.

'평가하지 마라'라는 말에는 '긍정적으로도 평가하지 마라'라는 의미도 담겨 있다. 그렇다고 부정적인 것에 눈감으라는 뜻은 아니다. 긍정적인 측면만 부각시키라는 의미도 아니다. **현실에 너무 많이 간섭하지 말라는 의미다. 또한 타인을 평가한다는 생각**

에 우선순위를 두지 말라는 의미다.

식사할 때 생각을 많이 하면 맛있는 요리의 찰기와 맛, 향, 음식 재료에 대해 아무것도 느낄 수 없다. 심포니 콘서트에 가면 보는 것보다는 들어야 할 게 더 많다. 다른 사람과 다툴 때도 생각을 많이 하면 합의가 아닌 토론만 계속하게 된다.

우리 인간에게는 생각 외에도 여러 가지 다른 재능이 있다. 물론 생각은 인간과 동물을 구분해주는 중요한 요소이며, 우리는 그것에 상당한 자부심을 가지고 있다.

누군가에게 내 의견을 강요하지 않기

오늘 저녁 85명이 모인 자리에서 프랑스 추리소설을 낭독했다. 행사 장소에 레드와인과 치즈 빵, 키시Quiche(달걀, 우유에 고기, 야채, 치즈 등을 섞어 만든 파이 – 옮긴이), 크루통을 얹은 치즈 수프가 준비되어 있었다. 관객들은 몹시 재미있어하면서 함께 웃으며 다과를 즐겼다. 행사 끝 무렵에 사인회를 가졌다. 사인을 받으려고 길게 늘어선 줄 끝에 우아한 옷차림의 여성이 서 있었다. 그녀가 눈에 띈 이유는 사인을 받으려고 줄을 서는 사람들에게 계속 자리를 양보했기 때문이다. 그녀는 바로 사인을 받으려 하지 않고 옆에서 기다렸다. 나는 그녀가 나와의 만남을 고대하고 있다고 판단했다.

　사람들이 다 돌아간 뒤, 사인회 장소는 텅 비어 있었다. 마지막으로 책에 사인과 더불어 헌정 글을 써달라고 요구한 어느 젊은 커플과 대화를 나누었다. 젊은 커플이 돌아갈 때 손 인사까지 하고 나서 주위를 둘러보았다. 여전히 사인회장 한편에는 세련된 옷차림의 여성이 서 있었다. 그녀는 잠시 망설이다 나를 향해 다가왔다. 여자가 내 앞에서 발걸음을 멈추었다. 나는 그녀에게 되도록 상냥한 태도로 인사를 건넸다. 그녀에게 용기를 주고 싶었다. 그러면서 동시에 호기심이 발동했다. 내게 무슨 말을 하고 싶은 걸까?

　그녀는 내가 쓴 책《나도 내려놓고 싶다. 그런데 자꾸 붙들려 한다》의 첫 번째 꼭지 내용이 마음에 들었다고 말했다. 독자들은 그 책에 실린 내용들 가운데 두 꼭지의 내용을 특히 좋아했다. 그중 하나가 특히 독자들의 마음을 움직여서 화제가 되었는데, 평가는 양극으로 치달았다. 읽고 나서 고맙다는 인사를 전한 독자들이 있는가 하면, 상당히 불쾌한 심정을 드러내는 독자들도 있었다. 그 꼭지의 내용은 열려 있는 인간관계, 즉 부부가 누구를 만나든 서로 간섭하지 않는 생활에 대한 이야기다. 개별 상담을 하면서 열려 있는 인간관계 문제로 고민하는 사람들을 여럿 만나보았기 때문에 솔직하게 쓴 이야기였다. 다수의 이성과 애정 어린 관계를 맺고 싶어하는 여성들이 특히 고민이 많았다. 그런데 선뜻 용기를 내지 못하는 것은 상대방이 상처를 받을까 봐 염려되기 때문이었다. 일부일처제를 선호하는 여성들도 고민이 많았다. 남편들이 딴 마음을 먹을까 봐 걱정되는 것이다. 그런 고민을 하면서 탈출구를 찾는 사람들에게 용기를 줄만한 내용을 책에 실었다.

그녀가 고개를 흔들며 이렇게 말했다.

"어떻게 그런 내용을 책에 실을 수 있나요?"

느닷없는 질문 공세에 갑자기 어리둥절해졌다.

"제 말 좀 들어보세요. 그런 이야기를 사람들에게 공개하는 것은 옳지 않아요. 그런 관계를 장려하는 거잖아요. 당신은 무슨 생각을 한 거지요? 당신 생각이 옳지 않아요. 루돌프 부인……."

나는 다시 한 번 심호흡했다. 그녀의 말을 들으면서, 앞에 서 있는 여자의 유형을 재빨리 분류하고 있음을 깨달았다. 머릿속으로 그녀에게 해줄 이야기를 만들었다. 그녀도 바람을 피워본 경험이 있으며 마음고생을 해본 적이 있을 거라고 추측했다. 나는 여자를 바라보면서 나 자신에게 이렇게 물었다.

그녀를 평가하는 생각이 없다면 어떨까?

그런 생각을 하면서 그녀의 얘기를 계속 들었다.

"당신의 행운이 끝없이 이어지지는 않을 겁니다. 극단적으로 비이성적이지요. 내가 당신을 좋아하지 않으면 이런 얘기를 하지도 않을 거예요……."

난 화를 내지 않았으며, 나 자신을 방어할 필요도 느끼지 않았다. 다만 내 생각을 그 여자에게 이야기해주고 싶은 충동이 일었다. 그러나 내가 여자의 의견을 바꿀 필요는 없으며, 그녀를 설득해서 그런 생각을 버리도록 할 수도 없다.

나는 "말씀 고맙습니다. 질문이 더 있으신가요?"라고 말했다.

여자는 나를 쳐다보면서 "알았어요. 실례가 많았습니다. 저는 그냥 얘기를 하고 싶었어요"라고 말하고 나서 한걸음 뒤로 물러났다.

여자에게 스툴 두 개를 가리키며 "시간이 되면, 그 점에 대해 말씀 드리고 싶은 게 있는데요"라고 말했다.

하지만 여자는 그만 가겠다는 듯이 "아닙니다. 즐거운 저녁 시간 보내시기 바랍니다"라고 인사말을 건넸다.

그러고는 몸을 돌려 출입문 쪽으로 걸어갔다. 누군가 나에게 자신의 의견을 말했으며, 나는 그 의견을 들었다. 그것으로 끝이었다. *상대방을 평가하려고 하지도 않았으며 내 생각을 설득시키고 의견을 강요하지도 않았다.*

가방을 챙기고 나서, 오늘 저녁 행사를 진행한 서점 직원에게 인사를 했다. 맛있는 다과를 마련해준 분들과 손님들의 편의를 돌봐준 직원에게도 인사말을 건넸다. 정말 보람 있는 저녁 시간이었다.

평가로 인해 자신의 중요함을
잃고 있는지도 모른다

어느 날 오후 책상에 앉아 있는데 두통이 몰려왔다. 몸 상태가 영 좋지 않았다. 글 쓰는 일에 몰두하느라 살금살금 다가오는 통증을 눈치채지 못했다. 그러다 어느 순간 통증이 분명하게 느껴졌다. 잠시 엎드려 책상 위에 머리를 얹었다.

그제야 '두통이 있네'라는 생각이 들었다. 머리가 지끈지끈 아파왔다. 휴, 어떻게 한담? 정신이 맑지 않았다. 겨우 몸을 일으켜 소파로 가서 털썩 주저앉았다. 글 쓰는 작업을 더 이상 할 수 없는 나는 무엇을 감지할 수 있으며, 어떤 평가를 내려야 하나? '두통'이 평가란 말인가? 내가 할 수 있는 한 최선을 다해 근육의 긴장을 풀면서 나 자신에게 물었다. 무엇을 인지했는가? 그때, 머리 윗부분에 압박감이 느껴졌다. 머리가 서늘했다. 그 외에 또 무슨 증상이 있지? 목덜미가 뻐근했다. 또 무슨 증상이 있나? 소파에 잠깐 누워서 머릿속의 긴장감을 해소하고 싶었다. 그리고 눈을 감고 싶었다. 몸이 정말 무겁게 느껴지고, 이마가 두근두근거리는 느낌을 감지했다. 이것이 진짜 통증일까? 이 느껌을 통증이라고 평가하지 않으면 무엇이 통증이란 말인가? 이 느낌에 통증이란 명칭을 부여하지 않으면 어떻게 될까? '나는 두통이 있다.'

그게 진짜일까?

머리가 무거웠다. 그간 내가 겪었던 두통을 전부 다 기억해보았다. 나는 나 자신에게 이렇게 말할 수 있다. '두통? 내가 잘 알지. 그거 아주 괴로운 거야. 쉽게 가시지도 않아. 나는 이미 두통을 겪어보았어. 그거 정말 지겨워.'

평가를 내리지 않거나 평가하는 생각을 믿지 않으면 고동치는 느낌과 두근거리는 정도 등 두통에 대해 어렴풋하게 느낄 가능성이 있다. 그런 느낌을 이미 알고 있는 두통이나 지겨웠던 두통 체험과 연관시키지는 않으면 어떨까? 마치 새로운 체험인 양, 그 느낌을 감지할 것이다. 그게 훨씬 마음이 편하고 두근거리는 느낌이 강화되지 않으며, 당장 나에게 필요한 게 무언지 알 수 있다.

지금 상황에서 할 수 있는 나에게 가장 이로운 일은 누워서 긴장을 푸는 것이다. 판단 내리지 않고 쉬는 것이다. 당연히 그 느낌이 가시지 않고 내일도 모레도 여전히 계속되면 의사에게 가야 한다. 머리가 쑤시게 아플 때까지 가만히 있지는 않을 것이다.

○

이전에 가졌던 걱정은 어떻게 됐을까? 평가를 내리지 않아 정말 무관심하고 수동적으로 되었나?

우리는 불필요하고 쓸데없는 것들을 전부 버리고 인식하는 데 주안점을 두어야 한다. 이 세상에는 알아야 할 일이 많으며, 골머리를 앓을 일은 많지 않다. 과거에 있었던 일에서 배우고 명심해야 할 게 많다. 휴식과 평화의 중요성도 크다. *보잘것없는 작은 인간으로서 저항하거나 무언가를 끝없이 부가할 필요는 없다. 의견, 의미, 해석도 필요 없다. 어쩌면 그로 인해 우리 자신을 중요하게 여기지 않을지도 모른다.*

사람들은 타인을 평가한다. 그것을 막을 수는 없다. 내가 해야 할 일이 무엇인지 상기시켜주는 사람들에겐 언제든 마음 깊이 감사를 표할 것이다. 내가 바뀌어야 한다고 환기시키는 사람들에게 감사할 것이다. 그러나 나는 타인을 평가하지 않을 것이다. 그러는 편이 마음이 더 편하다.

↪ 당신은 지금 평가하고 싶은 타인이 있는가? 어떻게 평가하고 있는가?

_____

_____

_____

질문 1   타인에 대한 당신의 평가가 진짜일까?

_____

_____

_____

(사실이 아니라면 다음 질문으로 넘어가지 않아도 된다.)

질문 2　다시 한 번 생각해보자. 정말 진짜일까?

_____

_____

_____

_____

_____

질문 3　타인을 평가할 때 내 마음 상태는?

_____

_____

_____

_____

_____

타인을 평가하지 않을 때 내 마음 상태는?

↪ 자, 이제 뒤바꾸기를 해보자. 당신을 괴롭히는 생각이 어떻게 바뀌었나?

Reverse
9

지금 여기에
집중하기

문제라고 인식하지 않으면
문제가 아니다

나는 뒤바꾸기를 할 때마다 마음속 무거운 짐들을 내려놓는 느낌을 자주 받았다. 복잡한 심상, 나 자신 및 세상일에 대한 걱정, 꼬리를 물고 일어나는 상념, 타인에 대한 평가, 아직 알지도 못하는 미래에 대한 짐작 등이 바로 무거운 짐들이다. 나는 늦어도 네 번째 질문(내게 스트레스를 주는 생각을 하지 않으면 어떨까?)을 할 때는 현실로 돌아와 있었다. 우선 스트레스를 주었던 상황에서 현실로 돌아왔다. 지금 앉아 있는 푹신한 소파를 느꼈으며, 시선은 부드럽고 편안해졌다. 머릿속에 잡생각이 돌아다니지 않았으며, 호흡과 심장 박동도 편안했다. 지금 여기에 그냥 편안하게 앉아 있기만 하면 됐다.

더 이상 알아야 할 게 아무것도 없다고 생각하는 사람들, 필요한 건 지금 다 여기에 있다고 생각하는 사람들에게 만족감이란 자연스러운 것이다.

그게 진짜일까?

나는 지금 이 순간 필요한 모든 걸 다 가졌나? 마음이 평화로운 순간에는 긍정할 수 있다. 하지만 이성은 아니라고 외칠 때가 더 많다. 배가 고픈 상황에서는 어떨까? 그래도 모든 게 좋을까? 몸이 많이 아플 때도 모든 게 괜찮을까?

그러나 놀라운 사실은 우리의 이성은 효율적이고 통합적인 해결책을 빠르게 모색한다는 점이다. 비록 극도로 궁핍한 상황이나 심각하게 아픈 상황에 도달하지 않더라도 이성은 그 전에 이런 극단적인 상황들을 예측한다. 그리고 우리는 이 예측들을 문제라고 확정 짓고 그런 일이 일어나기도 전에 걱정한다.

뒤바꾸기를 하면서 확신할 수 있었던 것은 현재 어떤 문제가 일어나지 않는다면 나는 아무런 문제가 없다는 것이다. 누군가 내 앞에 서서 고함을 친다면, 그건 아무 문제가 아니다. 내 인생이 남편의 인생과 다른 방향으로 흘러간다면, 그것도 아무 문제가 아니다. 중병에 걸렸거나 육체적 장애를 가지게 되었다면, 그건 문제다. 인생은 그렇게 계속될 것이다. 은행 계좌의 잔액이 만성적인 마이너스 상태에 빠질 가능성이 있다. *그럼에도 불구하고 그런 상황을 '문제'라고 인식하지 않는다면, 문제가 아닌 것이다. 해야 하는 과제, 피할 수 없는 도전, 가야만 하는 길도 마찬가지다.*

지금 이 순간! 바로 여기!

어떤 사안에 문제가 있음을 감지하는 것은 현재 안에 '있음'과 관련 있다. 실제로 존재하는 유일한 순간은 바로 지금이다. 다른 것들은 전부 현재는 존재하지 않거나 이미 지나갔다.

슬픔이란 대부분 과거에 연연해서 생기는 감정으로, 지난 일을 평가하고 해석하는 과정에서 생긴다. 과거에 실수했고, 잘못된 길을 갔으며, 따라서 과거로 되돌아가 바로잡아야 한다고 믿는다면 현재의 나에게 상처를 입힐 수밖에 없다.

두려움과 걱정은 95퍼센트 이상이 미래에 어떤 일이 발생할 거라고 상상하기 때문에 생기는 감정이다. 실제로 우리 집에 화재가 일어날 가능성은 매우 희박하다. 송곳니를 드러내고 있는 무서운 사자와 마주할 가능성 역시 거의 없다. 그리고 실제로 위험한 상황에서는 두려움을 느낄 시간조차 없다.

큰지막한 가위를 들고 당신의 과거를 싹둑 절단해보자. 그리고 미래와의 연결선도 싹둑 잘라버리자. 과거에 무슨 일이 있었는지, 미래에 무슨 일이 벌어질지 더 이상 생각하지 말자. 실용적이고 유용한 생각을 제외하면 불필요한 생각들만 남을 것이다. 걱정과 분노, 불행 그리고 조바심이 더 이상 없어야 한다. 그러면 우리 모두 편안한 마음을 가질 수 있다.

지금 이 순간! 너무나 매력적인 바로 지금 여기! 나는 지금 이

순간이 오기를 즐거운 마음으로 기다리기만 하면 된다.

아무 생각도 하지 않고 시간을 타기

오후에는 자전거를 탔다. 자전거 손잡이에 닿는 손의 압력을 느끼고 싶었다. 미약한 근육의 움직임을 느끼고 싶었다. 몸이 따스해지는 느낌을 감지하고, 거리의 풍경을 보고 싶었다. 그런데 불과 5분 후에 몸이 자동으로 움직이고 있다는 것을 깨달았다. 그리고 내가 아무것도 얻지 못했다는 것도 알았다. 자전거를 멈추었다. 나는 지금 어디에 집중하고 있는 건가?

　분명 당신도 내가 생각을 하고 있었다는 걸 눈치챘을 것이다. 나는 자전거 페달을 밟으면서 기획사와의 계약 협상을 생각했다. 기획사에서 나에게 무슨 말을 할지, 어떤 것을 요구할지 상상했다. 상상 속에서 기획사 직원의 질문에 대답하고, 나 자신을 변호했다. 그리고 그걸 깨닫는 순간, 정말로 어처구니없었다. 고개를 가로저었다. 자전거를 타면서 머릿속에서 영화 한 편을 찍었다. 물론 그건 현실이 아니다.

　숨을 깊이 들이마신 다음, 자전거 페달을 힘껏 밟으면서 지각을 활짝 열어야겠다고 결심했다. 생각에 잠기기 않기 위해서 그런 결심을 했다. 그러자 자전거 손잡이에 닿는 손의 압력이 느껴졌다. 미약한 근육의 움직임이 느껴졌고, 몸이 따스해지는 느낌이 받았을 뿐 아니라, 거리의 풍경이 시야에 들어왔다. 신선한 가을 공기를 들이마셨다. 그러자 마음이 편해졌다. 시원하면서 촉촉한 가을 공기가 뺨에 닿았다. *나는 이 세상의 한 부분이 되었다.*

조금 더 달리자 주유소에 탱크로리 한 대가 서 있는 게 보였다. 아하, 오늘 아침에 스쿠터에 기름을 넣었어야 했는데 깜빡 잊었네. 스쿠터 손잡이가 비뚤어졌고 왼쪽 거울이 흔들려서 점검해야 하는 상황이라는 것도 잊고 있었다. 그런데 언제 점검해야 하나? 한숨을 내쉬었다. 다시 생각에 빠져드는 나를 발견했다.

끝없이 이어지는 거리를 따라 자전거를 몰았다. 주유소를 지나고 얼마 못 가서 다시 현실과의 연결이 끊기고 말았다. 이번에는 자전거를 멈추지 않았다. 내 앞에 보이는 것, 그리고 지금 느낄 수 있는 것에 가만히 정신을 모았다. 그러자 포장 도로, 바닥에 떨어져 있는 나뭇잎들, 길가에 서 있는 나무들, 자동차 소음, 거리에서 뛰어노는 아이들이 보였다. 자전거를 계속 몰아 마침내 목적지인 도서관에 거의 다다랐다. 힘껏 페달을 밟았다. 도서관으로 가는 마지막 길은 훤하게 뚫려 있었다.

자전거를 타고 거리를 달리면서 사람들을 위해 무얼 할 건지 생각한다거나, 어떤 구체적인 계획을 세울 필요는 없다. *지금 이*

순간, 그냥 자전거에 몸을 실어도 된다. 달리는 자전거와 함께 바람을 타고 시간을 흘러도 된다. 아무 생각도 하지 않고서.

오감을 이용하여 지금 여기에 집중하기

거실 문을 열고 집 안으로 들어서자 딸아이가 반갑게 맞았다. 딸은 "엄마!"라고 외치면서 두 팔을 내 목에 감았다. 그러고는 이렇게 말했다.

"엄마에게 줄 게 있어!"

"어, 그게 뭔데?"

딸아이가 내가 좋아하는 앙큼한 미소를 지어 보였다. 딸은 두 손을 허리 뒤에 댄 채 부엌으로 뛰어가면서 곁눈질로 나를 쳐다보았다. 호기심을 유발했는지 확인하고 싶은 눈치였다. 나는 구두를 벗으면서 딸아이가 무엇을 하려는 것인지 몹시 궁금해했다. 도대체 무슨 일이지? 나에게 줄 게 무얼까? 되도록 소리를 죽이고 딸에게 살금살금 다가갔다. 딸아이가 웃었다. 딸아이를 잡는 시늉을 하자 딸은 내 손을 피하는 척했다. 부엌 식탁에서 딸을 잡으려고 했으나, 딸은 나보다 더 빨리 움직였다. 그 자리에 멈춰 섰다. 마치 몹시 지친 추격자가 된 듯했다. 딸은 호시탐탐 나를 노려보았다. 기진맥진해져서 스툴에 털썩 주저앉아 두 눈을 치켜뜨면서 "휴" 하고 한숨을 내쉬었다. 기운이 빠진 것처럼 고개를 푹 숙였다. 딸아이를 쳐다보지 않았다. 그러자 딸아이가 가까이 다가오는 게 느껴졌다. 조금만 더, 조금만 더, 조금만 더 오면 잡을 수 있을 거다. 딸아이가 가까이 다가와 허리를 굽히고 말했다. "엄마?" 딸아이가 한 발짝 더 다가왔다. 얼른 고개를 들고 딸아이를 잡았다. 함정에 빠진 딸아이가 "엄마!" 하고 소리를 질렀다. 하하! 내가 이겼다! 딸아이가 몸부림쳤다.

"아가, 엄마한테 준다는 게 뭐니, 응?"

"글쎄."

딸은 터져 나오는 웃음을 참으려고 애썼다.

"그게 도대체 뭘까?"

"여기."

딸이 그렇게 말하고는 내 코끝을 손가락으로 튕겼다.

"이게 뭐야?"

딸은 킥킥대고 웃으며 내 품에서 벗어나려고 발버둥질했다.

"이런, 너……!"

그렇게 말하며 딸아이를 풀어주었다.

"나도 너에게 줄 게 있는데……!"

우리는 다시 부엌 식탁 주위에서 잡기 놀이를 했다. 딸아이가 거실로 나갔다가 제 방으로 뛰어 들어갔다. 딸아이의 선택은 실수였다. 조만간 잡힐 수밖에 없을 테니까. 딸도 그 사실을 알고 있었다.

"엄마!"

가까이 다다가자 딸이 소리를 질렀다. 나는 히죽이며 웃기만 했다.

"엄마!"

딸을 침대에 쓰러뜨리고 손가락으로 코끝을 세 번 튕겼다. 딸은 배를 뒤집고 쓰러진 딱정벌레처럼 버둥거렸다. 딸을 품에 안았다가 팔을 풀며, 이제 장난은 그만두고 휴식을 취하자는 표시로 숨을 헐떡여 보였다.

딸과 나는 아무 말도 하지 않고 서로 껴안은 채 침대에 누워 있었다. 딸아이와 한바탕 놀고 나니 기분이 상쾌해졌다. 정말 재미있었다! *그 순간에 몰두하는 일 외엔 아무것도 하지 않았다.* 아이들과의 장난은 예측할 수 없으므로 고도의 집중력이 필요하고 오감을 모두 이용해야 한다. 이런 식으로 하면 *'지금 여기에'* 집중하는 일이 전혀 힘들지 않다.

기분을 풀기 위해
지금 당장 할 수 있는 건 뭘까?

저녁 식사를 하면서 문득, 인간은 지금 여기에 집중하기 위하여 놀이를 한다는 생각이 들었다. 예를 들면, 등산이나 스키가 그렇다. 승자와 패자가 있기 마련인 거의 모든 놀이가 그러하다. 매 순간 주의를 집중하고 긴장을 늦추지 않고 놀이를 하다보면 기분이 상쾌해진다.

○

남편은 친구들과 태양이 작열하는 어느 휴양지로 여행을 떠나 2주째 집을 비웠다. 나는 비가 너무 많이 와서 보기 흉한 도시 베를린의 집에 앉아 있다. 근사한 수영장에 앉아 일광욕을 즐기는 남편의 모습을 상상해보았다. 나도 그곳으로 달려가 함께 즐기고 싶었다. 한숨을 내쉬었다. 아아, 태양. 아아, 휴가. 아아, 유유자적 달콤한 휴식.

제대로 된 휴가를 즐긴 게 언제였더라? 기억을 더듬어보았다. 그런데 기억을 찾고 싶지 않은 듯, 생각이 나지 않았다. 어린 시절 이후로는 휴가를 제대로 즐기기 못한 것인지, 어린 시절 기억만 살아났다.

지난해에도 여름이 너무 짧다는 느낌과 더불어 휴가다운 휴가를 즐기지 못해 만족감을 느끼지 못했다. 내년에는 무조건 최소 2주간 휴가를 즐겨야겠다. 하던 일은 전부 잊고 마음 편하게 강이나 호수, 바다에서 휴식을 취하고 싶다. 집을 빌려서 맛있는 음식을 마음껏 해먹고, 잠을 실컷 자고, 책을 읽거나 영화를 보면서 유유자적 시간을 보내고 싶다.

이틀 후, 머물 곳을 정식으로 예약했다. 내년 여름까지는 아직 오랜 시간이 남아 있지만 예약을 하고 나니 기분이 좋아졌다. 그런데 난 지금 당장 휴식이 필요하다. '내년 휴가는 아직 멀었다.'

그게 진짜일까?

물론 그렇다.

다시 한 번 생각해보자. 정말 진짜일까?

아니다. 그렇지 않다.

휴가가 아직 멀었다고 믿을 때 내 마음 상태는?

지금 몸과 마음이 몹시 지쳐 있다. 그래서 내년까지 기다릴 수 없다. 휴가에 대한 기대감만 있을 뿐이다. 그리고 내 눈앞에 펼쳐진 아름다운 풍경을 보면서 "여기 봐! 멋있지 않아?"라고 말하고 싶은 갈망만 있을 뿐이다. 하지만 지금 당장은 그럴 수 없다! 아직도 1년이나 남았으니까. 그사이에 겨울이 있고, 많은 일을 해야 하며, 지금 여기에는 햇볕이 거의 없다.

이렇게 하면 꿈은 고통이 된다. 이루지 못한 갈망이 내게 스트레스를 얹어줄 뿐이다. 언젠가 휴가를 간다는 상상은 이루지 못한 사랑과 비슷하다.

핸드폰이 울렸다. 남편에게서 온 메시지였다. 남편은 이렇게 썼다. '불쌍한 당신, 베를린에 있어야 하다니. 고생해.'

휴가가 아직 멀었다는 생각을 하지 않을 때 내 마음 상태는?

잠시 동안 가만히 앉아서 나에게 필요한 게 무엇인지 생각해 보았다. 눈부신 태양과 안락함 그리고 편안한 휴식의 시간을 갖고 싶다. 그런 느낌을 인정했다. 그런 느낌을 가질 자격이 있다는 생각이 들었다. 나 자신을 돌보고 싶다. 지금 당장이면 더할 나위 없이 좋겠다. 나에게 물었다. 오늘은 일찌감치 잠자리에 드는 게 어떨까? 거위털 이불을 덮고 누워서 평소와 다르게 재미있는 책을 읽으면 어떨까? 아니면 아무것도 읽지 않고 이불 속에 누워 그냥 편하게 쉬는 것이다. 그렇게 시간을 보내다가 잠에 드는 것이다.

핸드폰을 집어들어 남편에게 답장을 보냈다. '베를린은 정말 좋아. 특히 내 침대. 전혀 고생스럽지 않아. 오늘을 일찍 잠자리에 들기로 했어. 목요일엔 사우나에 갈 거야. 부럽지?' 뒤바꾸기를 하면 이러하다. '다음 휴가는 멀지 않았다.'

그렇다. 지금 내게 필요한 것을 당장 찾아낼 수 있다. 그렇게 하면 필요한 것에 대한 갈망이 줄어든다. 갈증, 허기, 멀리 있는 무언가에 대한 그리움 같은 것 말이다. *'기분을 풀기 위해 지금 당장 할 수 있는 게 무엇일까?'라는 질문은 나를 지금 현재의 순간으로 되돌아오게 한다.*

생각 스위치를 가져라

고통의 근원은 늘 무언가를 갈구하며, 그로 인해 현실에서 괴리되는 데 있다. 현실과 동떨어져 있지 않으면 지금 당장 필요한 게 무엇인지 느낄 수 있다. 지금 당장 자신을 위해 보탬이 되는 일을 하는 것이 1년 후의 휴가를 기다리는 것보다 훨씬 바람직하다.

달콤한 갈망으로 가득했던 밤들이 떠올랐다. 혼자서 또는 친구들과 함께 분위기 있는 음악을 들으면서 레드와인을 함께한 날들이었다. 우린 음울한 노래를 불렀으며 비애에 젖었다. 당장 우리 손에 쥘 수 없는 멀리 있는 것을 동경했다.

ㅇ

이틀 후, 책상에 앉아 달력에 일정을 적어 넣으면서 추가 계획을 구상했다. 체계적으로 준비해 실행에 옮겨야 할 구체적인 계획이 떠올랐다. 핵심 개념을 메모지에 적었다. 에이전시에 전화 걸기, 계약서 검토하기, 서점에 전화 걸기 등이었다. 앞으로의 강연을 곰곰이 생각했다. 그리고 버려야 할 계획을 버렸으며, 계획을 바꾸기도 하고, 메모도 했다. 물론 고민하지는 않았다. 나의 최근 강연들을 생각했으며 요점을 정리했다. 마음에 든 강연, 잘된 강연은 어느 것이며 그렇지 못한 강연은 어떤 것인가? 강연의 내용과 구성을 생각해보았다. 지금까지의 경험에 비추어볼 때, 변화를 주고 싶은 게 무엇일까? 유지할 수 있는 건 무엇일까? 이런 생각을 하며 아무런 고통도 느끼지 않았다. 당연히 인생의 앞날에 대해 미리 생각해보아야 한다. 내게는 목표가 있으며 실현하고 싶은 아이디어가 있다. 그리고 목표를 이루기 위해서는 계획을 유용하게 구성해야 한다.

한 시간쯤 지나 계획을 얼추 다 작성했다. 계획서를 계속 보았지만 당장 새로운 생각이 더 떠오를 것 같지는 않았다. 다음 주나 그 이후에 다시 보아야 할 것 같았다. 미래를 앞서 생각하거나 과거를 생각하는 일은 이젠 그만두고 현재에 전념해보아야겠다.

인간의 이성은 일상생활에 순응하며 대담하게 앞으로 나아가지 못하거나 또는 묻지도 않고 끼어든다. 필요한 경우 스위치를 올려

서 이성을 작동하게 할 수 있을까? 의자에 등을 기대고서 생각 스위치를 켜거나 끄는 상상을 했다. 그러자 마음이 편해졌다. 하루 종일 생각할 필요가 없다. 필요한 경우만 생각하면 된다. 다른 시간에는 나 자신에게 전념하면 된다. 나의 지각을 개방하고 감각 경로를 이용하면 된다.

현재 있음 스위치로 조정해놓기

그날의 나머지 시간에 나 자신을 '현재에 있음' 스위치로 조정해놓았다. 이 말은 '생각'의 반대 개념인 모든 사항을 의미한다. 직관은 주관적 가치 판단을 배제한 채 감각의 경로를 인지한다. 해결책을 모색하지 않는다. 그냥 '현재에 있음'이다.

'현재에 있음' 속에서 식료품을 구입하러 밖으로 나갔으며, 부엌을 정돈했고, 어머니와 전화 통화를 했다. 당연히 생각이 완전히 멈추지는 않았다. 생각은 마치 들리지 않는 바람 소리처럼 내 안 어딘가에서 소리 없이 작동했다. 하지만 생각에 귀 기울이지 않았다. 그 대신, 이 순간에 집중하고 시간 속에 자연스럽게 스며들었다.

청소를 하면서 기분이 무척 좋아졌다. 음악을 틀어놓고 큰 소리로 노래를 부르면서 청소에만 몰두했다. 부엌이 구석구석 깨끗해지는 과정을 즐겼다. 조리대는 광이 날 정도로 깨끗해졌으며, 냉장고 손잡이의 끈적거림도 없어졌다. 부엌에서 신선한 냄새가 나는 듯했다. 청소를 끝낸 뒤 어머니와 전화 통화를 했는데, 함께 의논해야 할 일이 생겼다. 그래서 짧은 시간 동안 '생각 스위치'를 올렸다. 하지만 함께 생각할 얘기가 끝나자마자 다시 '현재에 있음'으로 되돌아왔다. *나는 나 자신을 그냥 내버려두었으며, 직관을 따랐다. 그러자 마치 휴가지에 온 듯 기분이 다소 편안해졌다.*

○

그날 저녁, 평소보다 30분 일찍 잠자리에 들었다. 침대에 누워서 아무것도 하지 않고 시간을 보내고 싶었다. 가벼운 거위털 이불이 나를 포근하게 감싸주었다. 아무것도 하지 않는다면, 이제 무엇을 해야 하나? 내 몸을 느껴보았다. 베개 위의 머리, 호흡, 배에서 나는 꾸르륵 소리, 눈의 깜빡거림, 몸의 일부를 오른쪽으로 약간 움직이고 싶은 욕구를 느꼈다. 집에서 들리는 온갖 소음에 귀를 기울였다. 익숙한 소리들이었다. 문을 닫는 소리, 사람들의 목소리, 계단 쪽에서 들려오는 발자국 소리 등이 들렸다.

나는 여기 방 안에 누워 있으며, 저기 바깥에선 무언가 움직이고 있다. 마음이 편안했다. '현재'를 느끼고 있었다. 나는 **그냥 여기에 존재하고 있었다.** 전등불을 껐다. 잠시 후 아무런 느낌도 나지 않았다. 이제 자야 할 시간이다.

주의력 환기 정거장

시간이 있다는 건 시간을 붙잡는다는 뜻이다. 나는 주어진 하루 시간 가운데서 일부를 붙잡아 이처럼 아무것도 하지 않는 데 썼다. 그냥 침대에 누워서 현재를 느끼는 데 시간을 썼다. **'진짜 아무것도 하지 않아야' 마음을 회복하는 데 도움이 된다. 그게 진정한 휴가다.** 최근에 어디선가 이런 격언을 읽은 적 있다. '휴가가 필요하지 않은 삶을 살고 싶다.' 그게 가장 좋은 인생이란 느낌이 들었다.

이제 자전거를 타거나 걷거나 아침에 창밖을 내다보며 날씨를 확인하는 일이 '현재'에 전념하게 하는 수단으로써 자리 잡았다. 잠자리에 드는 일도 마찬가지다. 좀 더 자주 '지금 여기'를 기억해내 습관으로 만들 수 있는 방법이 있을까?

매일매일 하는 일, 그래서 생각이 미친 듯이 돌진할 때가 가장 좋은 기회다. 바로 샤워를 할 때 같은 순간이다.

화장실로 가서 욕조 안으로 들어갔다. 그리고 두근거리는 마음으로 오늘 아침엔 생각이 날 어디로 데려갈지 기다려보았다. 따뜻한 물이 몸을 적시기 시작하면서, 달리기 시합에서 심판이 출발 신호를 보낸 듯 생각이 돌진했다. 마치 릴레이 경주를 하듯 밀려드는 생각이 다음 주자에게 바통을 넘겨주는 식으로 진행되었다.

어제부터 경미한 치통을 느꼈다. 생각은 우선 치과 의사를 향해 달렸으며, 이어서 진료 마감 시간을 생각했다. 그런 다음 치료할 구강 외과 의사를 생각했다. 지금 아래턱에는 티타늄 소재의 인공 치근이 박혀 있다. 한 달 후에 그 치근 위에다 인공치아를 장착할 예정이었다. 바통이 다른 데로 넘어갔다. 이번에는 치과 병원까지 가는 계획, 즉 치과 병원에 가는 데 걸리는 시간과 운송 수단을 선택하는 문제다. 마지막 바통을 받은 생각은 약국이다. 약을 먹으면 치통이 가실 거라는 생각과 더불어 극심한 통증에 대비해서 진통제를 사야겠다는 생각으로 이어졌다.

재빠르게 생각하는 데 5분 정도가 걸렸다. 그러고 나서 원래 내가 있던 자리로 되돌아왔다. 샤워기에서 떨어지는 물을 느꼈다. 우선 약국에 가서 약을 사오고 필요하다면 이틀 후쯤 치과에 가기로 결정했다. 몸에 묻은 물기를 깨끗이 닦아냈다. 수건으로 얼굴을 문질렀다. 피부가 한결 깨끗해진 느낌이었다. 샤워는 나의 주의력 환기 정거장이 되었다.

대단한 일이 없어도 인생은 즐겁다!

불과 하루 만에 치통이 더욱 심해졌다. 약국에서 사온 진통제는 효과가 없었다. 하지만 두려움을 느끼진 않았다. 치과에 갈 수 있고, 그러면 충분히 해결할 수 있다는 것을 알고 있었기 때문이었다. 스툴에 가만히 앉아 지금 순간의 느낌에 몰두했다. '현재에 있음'에서 고통은 느낌에 불과하다. 압박과 잡아당김 등의 감각이다.

잠을 자기 위해 진통제를 한 알 복용하고, 다음 날 의사에게 갔다. 편안하고 깊은 휴식을 취한 터라, 입가에는 미소가 흘렀다. 걱정하거나 두려워할 일은 없었다. 두려움이란 언제나 미래에 있다. 나는 두려움과 함께 살지 않을 것이다.

치과 의사가 진찰을 해보더니 인공 치근에 아무런 문제가 없고, 합병증도 전혀 없다고 확신했다. 곪지도 않았다면서 인공 치근을 뺄 필요가 없다고 했다. 따라서 추가 비용이 발생하지 않으며, 통증이 심해지지 않을 거라고 얘기했다. 의사의 설명을 듣고 나니 마음이 한결 가벼워졌다. 비록 통증의 원인에 대해 자세히 설명해주지는 않았지만 심각한 문제로 커질 가능성은 없을 거라는 확신을 심어주었다. 치아 통증은 자연스레 없어진 것인지 아니면 치과 의사가 발라준 연고 효과인지 차츰 가라앉았다.

○

아침에 잠에서 깰 때면 몇 가지 생각이 머릿속에 떠올랐다. 그럴 때마다 그 생각들을 가만히 떨쳐버렸다. '생각 스위치'를 켜지 않았다. '현재에 있음' 상태에서 이불 속의 따스함과 침대 밖의 서늘한 공기를 느꼈다. 잠자리에서 일어났다. 아무것도 신지 않은 두 발이 매끈한 나무판자 바닥에 닿았다. 그 느낌이 좋았다. 잠시 제자리에 서 있었다. 서 있는 나 자신이 느껴졌다. 잠시 후 화장실로 들어가 샤워기를 틀었다. 소나기처럼 뿜어내리는 물방울을 즐겼다. 또한 물방울을 닦아내면서 온몸의 묵은 때가 벗겨지는 느낌을 즐겼다. 집을 나와서는 자전거를 탈 때 불어오는 바람을 만끽했다.

인생에는 마음껏 즐길 일이 너무나 많다. 그게 반드시 대단한 일일 필요는 없다. 로또에 당첨되어야 인생을 즐길 수 있는 것은 아니다. 수시로 새 애인을 만들어야 할 필요도 없다. *매일같이 새롭고 재미있는 일이 생겨야 하는 건 아니다.*

인생을 넓게 보고 멀리 보는 안목이 있다면, 인생이란 아름답다. 생각을 손으로 붙잡고 그 생각을 넘어선다면 인생은 풍요롭기 그지없다!

↪ 당신의 휴가는 언제인가?

_____

_____

_____

_____

질문1 그게 진짜일까?

_____

_____

_____

_____

(사실이 아니라면 다음 질문으로 넘어가지 않아도 된다.)

질문 2　다시 한 번 생각해보자. 정말 진짜일까?

_____

_____

_____

_____

_____

질문 3　휴가가 멀었다고 생각할 때 내 마음 상태는?

_____

_____

_____

_____

질문 4 휴가가 멀었다는 생각을 하지 않을 때 내 마음 상
태는?

_____

_____

_____

_____

_____

↪ 자, 이제 뒤바꾸기를 해보자. 당신을 괴롭히는 생각이 어
떻게 바뀌었나?

_____

_____

_____

_____

_____

이제부터 할 수 있는 일들

처음에는 뒤바꾸기가 숲속에 난 좁다란 길처럼 보일 것이다. 여러 번 지나가봐야 길이라고 인식할 수 있다. 나뭇가지들이 얼굴을 때리고, 비탈에서 미끄러질 위험도 있다. 시야도 탁 트여 있지 않다. 하지만 그런 곳에서는 모험을 즐길 수 있다. 새들은 지저귀고 햇빛은 당신과 함께해줄 것이다. 당신은 그저 자신에 대해서만 느끼면 된다. 그 길을 실용적으로 이용하면, 그야말로 엄청난 보답이 주어진다.

나는 몇 가지 일에서 깨우침을 얻었다. 이제는 조급하게 서두르지 않는다. 이제는 특별한 노력 없이도 내 생각을 이해할 수 있다. 이는 이해심을 가지고 나 자신과 대면하게 되었다는 뜻이기도 하다. 한 달 만 뒤바꾸기를 연습하면 당신도 충분히 할 수 있다.

서문에서 이야기했던 것처럼 뒤바꾸기는 인생의 소프트웨어와 같은 것이다. 소프트웨어를 다른 말로 하면 습관이다. 아마 새로운 습관이 자동으로 작동하는 데는 한 달 이상의 시간이 필요한 사람들도 적지 않을 것이다.

시간을 들여 이 소프트웨어를 작동시켜 보자. 그리고 늘 잊지 말아야 할 것이 있다. 당신을 괴롭히는 생각에서 벗어나려면 언제나 '지금 이 순간'을 떠올려야 한다. 방법은 너무나 간단하다. 과거와 미래를 단절시키기만 하면 된다.

한 가지 더 당부하고 싶은 것이 있다. 바람직하지 않은 습관들을 버리고 새로운 습관을 모색하라. 그것은 당신의 인생에 활력을 불어넣을 것이다.

잊지 마라! 지금 이 순간 시간을 타고 흐르기만 한다면, 지각의 경로를 타 숨쉬기만 한다면, 인생은 그 어느 때보다 가볍고 경쾌하다!

우아하게 걱정하는 연습

초판 1쇄 인쇄 2018년 1월 18일
초판 1쇄 발행 2018년 2월 1일

지은이 이나 루돌프
옮긴이 남기철
펴낸이 유정연

주간 백지선
책임편집 김경애 **기획편집** 장보금 신성식 조현주 김수진 **디자인** 안수진 김소진
마케팅 임충진 이재후 김보미 **제작** 임정호 **경영지원** 전선영

펴낸곳 넥스트웨이브미디어(주) **출판등록** 제313-2003-199호(2003년 5월 28일)
주소 서울시 마포구 홍익로5길 59 남성빌딩 2층
전화 (02)325-4944 **팩스** (02)325-4945 **이메일** book@hbooks.co.kr
홈페이지 http://www.hbooks.co.kr **블로그** blog.naver.com/nextwave7
출력·인쇄·제본 (주)상지사 **용지** 월드페이퍼(주) **후가공** (주)이지앤비(특허 제10-1081185호)

ISBN 978-89-6596-248-9 03190

이 도서의 국립중앙도서관 출판예정도서목록(CIP)은 서지정보유통지원시스템 홈페이지(http://seoji.nl.go.kr)와 국가자료
공동목록시스템(http://www.nl.go.kr/kolisnet)에서 이용하실 수 있습니다.(CIP제어번호: CIP2017035473)

살아가는 힘이 되는 책 흐름출판은 넥스트웨이브미디어(주)의 출판 브랜드입니다.